昭和という過ち

この国を滅ぼした二つの維新

原田伊織

SB新書
533

序章　三島由紀夫自決と「昭和元禄」

◆衝撃の三島由紀夫割腹自害

あの日、東京は晴れていたと記憶しています。

昭和四十五（1970）年十一月二十五日、作家三島由紀夫（45歳）が、自らが主宰する民兵組織「楯《たて》の会」の若者4名を率いて陸上自衛隊市ヶ谷駐屯地内の東部方面総監部を訪問、益田総監を拘束し、自衛隊に憲法改正のための決起を呼びかけました。自衛隊員はこれに応じず、三島と森田必勝《もりたまさかつ》（25歳）が割腹自害するという衝撃的なクーデター未遂事件でした。

私は、社会人二年目。いつもなら打合せと称して近くの喫茶店にいたはずなのに、この日はそういう余裕《ゆとり》もなく職場にいたのですが、昼前だったと思いますが、誰かが跳び込ん

できて、

「三島がやった！」

と叫んだのです。

私たちは、それだけで分かったのです。三島が具体的に何をやったかをいわなくても、漠とはしていましたがいずれ尋常ではない行動を起こす…そのような予感が共通認識としてあったように思います。

直ぐプレゼンルームへ跳び込み、テレビを点《つ》けると、白い鉢巻、「楯の会」の制服姿の三島がバルコニーで時に拳《こぶし》を振りながら、何かを叫んでいたのです。鉢巻には日の丸と「七生報国《しちしょうほうこく》」と判読できる文字が見えました。

しかし、上空を飛び回るヘリの音と集まった自衛隊員たちの怒号で、何をいっているのかよく聞こえません。それでも、三島が決起を呼び掛けていることだけは、その光景だけで理解できたのです。

断片的に聞き取れたのは、

「静かにせい！」

「男一匹が命をかけて…」

「諸君は武士だろ！」

といった言葉くらいでしたが、この演説の全容は後日の報道で詳しく知ったのでした。

それは、やはり自衛隊の決起を促す「檄《げき》」のようなものでしたが、テレビを観《み》ながら私が思ったのは、状況を考えれば不思議なことかも知れませんが、三島はもっとゆっくり話すべきだということでした。「檄」には檄らしい喋り方があります。もう少し間《ま》をとって、抑揚をつけ、短いキーワードを反復するなど、それらしい口調と話し方、目線の遣《や》り方、手の使い方などの「らしい所作」というものがあり、それが必要です。三島の喋り方は、何やらくしゃくしゃくしゃっと縮《ちぢ》こまったような印象を受け、内容に伴った重みに欠けていたように思います。

今思いますと、大きな衝撃を受けながら、奇妙なことを考えていたものだと思います。三島と集まった自衛隊員との間に全く相容れない溝のようなものがあることを直感し、三島を気の毒に思ったのかも知れません。

実は、三島はマイクを使っていなかったのです。肉声で演説をぶっていたのです。

これは、三島たちがその準備を忘れたわけではありません。彼らは、「神風連《しんぷうれん》の乱」（明治九年　１８７６年）を惹《ひ》き起こした神風連（敬神党《けいしんとう》）の精神に倣《なら》ったのです。士族の反乱の一つであるその乱からもう百年も経っているというのに、マイクという文明の利器に頼らず、あくまで肉声によって日本精神を訴えるという形を採ったのです。

私が違和感を抱いたのは、自衛隊員の反応に対してでした。

「ばかやろう！」

「引きずり降ろせ！」

といった罵声がしきりに耳に入ったのです。罵声が怒号となって、三島の言葉をかき消していました。

三島の天皇絶対主義、「楯の会」の自衛隊体験入隊などは、既によく知られていたことです。七十年安保闘争に際して「右翼反動軍国主義者」と全共闘サイドから攻撃された私でさえ、その極右国粋思想には全く共鳴できなかったのです。作家三島由紀夫の劣化さえ感じていたのです。

しかし、それにしても、です。罵声、怒声を飛ばす前に、彼の訴えを聞くことすら拒否したのはどういうことなのでしょう。彼の行動が尋常ではないことは、直ぐ分かったはずです。いや、或いは分かっていなかったのかも知れません。

実は、上官からの集合命令によって集まったにも拘《かか》わらず、整列もせず、ただ群がっていたこの時の聴衆としての自衛隊員たちは、第32普通科連隊の留守部隊の隊員が殆《ほとん》どであったのです。

この日、連隊の精鋭部隊とされる約九百名は、東富士演習場で演習を行っており、集まっていたのは通信、資材などを受け持つ留守部隊であり、三島がこだわっていた「武士」ではなかったといえるのです（通信・資材隊員に対する差別だなどという本旨の展開を妨げる今日的な論はこの際無用です）。このことが私に違和感を抱かせたことと関係していたのかも知れません。

そもそも武装集団であるとはいえ、自衛隊員を「武士」と位置づける三島の思想が異常であることは、当時も今も変わらないでしょう。

幼い頃に、時代錯誤ともいうべき母から切腹の作法を叩き込まれ、事あるごとに「武家というものは～」「男というものは～」という躾《しつけ》を受け、大学へ入る頃には「楯の会」に強い関心を抱いていた私からしても、三島の主張は真っ当に聞くに値しないものでした。時は既に高度成長期の絶頂期でしたが、その当時でも、「武家」というものを知らない者ほど、武士だ、武士道だということを軽々しく口にする…私は、そのような印象をもっていました。

余談ですが、母は武士とか侍という言葉を殆ど使わず、常に「武家」という表現を使っていましたし、「武士道」などという言い方をした記憶はありません。「武家の心得」という表現はよく聞かされましたが、それが一般にいわれている「武士道」に当たる言葉であったのかも知れません。

このことは、母が俗にいう武士道というものを、武家の精神文化と捉えていたことを表わすものであると考えられ、時代を無視して母がそういう環境に育ったことを示すものであると理解しています。この影響もあるのでしょう、私は今でも「武士道」という言葉には嫌悪感すら覚えるのです。

そのことはともかく、三島が天皇絶対主義の極右国粋主義者であったことは疑う余地がありません。彼がノーベル文学賞候補に挙げられるほど国際的に著名な作家であっただけに、この事件はとかく文学的に語られ、時に哲学性すら帯びた分析の対象となっていますが、それは三島に対する「買いかぶり」というものではないでしょうか。

彼は、我が国を敗戦に導いた「昭和維新」のみに文学的な心を奪われ、歴史を線で考察しておらず、日本を神国とする単なるカルト的な天皇教の信者であったに過ぎません。好意的に表現しても、彼は歴史を彼独特の美意識でしか解釈できていないのです。つまり、彼こそ「昭和維新」を産んだ「明治維新」の典型的な産物であったといえるのです。

◆明治維新の産んだ昭和維新と三島

民族の決定的な過ちであったと考えられる明治維新を支えた思想は、山崎闇斎《やまざきあんさい》や竹内式部が広めた、天皇に神性を与えた「勤皇論」です。竹内式部などは、一木一草に至るまでこの世に生きとし生けるものはすべて天皇のお陰で生を保っていられるのだとして、公家たちを扇動しました。それは、もはや学問とはいえずカルトといっていいでしょう。

ところが、明治維新という軍事クーデターの首謀者たちは、これを建て前として利用したに過ぎず、これによって政権簒奪《さんだつ》の本音を包み隠していたのです。彼らにとって、天皇は単なる道具であったのです。道具に過ぎなかったのですが、勤皇、尊皇という建て前を維持していかないと明治新政権の中央集権体制が保てなかったのです。ここに、我が国の歴史上初めて、強大な「天皇権威」が生まれ、天皇の存在を利用はしたけれど、これをコントロールする術《すべ》をもたなかった明治新政権が大東亜戦争に通じる亡国のレールを敷いてしまったのです。

このことは、明治新政権と直前の徳川近代政権の決定的な違いとして、はっきり認識しておく必要があります。

三島は、明治維新から半世紀を経た大正十四（1925）年に生まれました。この世代は、もはや建て前ではなく、濃密な天皇絶対主義教育で育っており、七歳の時に五・一五事件、十一歳の時に二・二六事件を目《ま》の当たりにした、「昭和維新」の空気を肌で知っている世代です。更に多感な少年期に特攻、玉砕《ぎょくさい》という戦争の狂気に触れて育っており、英才三島といえども時代の気分というものの影響を全く受けなかったということはあり得ないのです。

明治維新という出来事も、実に稚拙で愚かしく、かつ残虐なテロリズムが核となっていましたが、それが産んだ昭和維新とは、もはやカルト思想にまで過熱していた神性天皇主義に支えられていた点で、明治維新を遥かに上回る愚かしさと怖ろしさを露骨に発散させたムーブメントであったのです。

もし、三島の生まれるまでの半世紀に、この国が明治維新以降の近代日本の歩みを検証していれば、そして、その結果が多少なりとも教育に反映されていたならば、三島の一生は違ったものになっていたことでしょう。

◆昭和四十五年─「昭和元禄」の絶頂に

この三島由紀夫割腹事件の起きた昭和四十五年とは、どういう年であったのでしょうか。西暦では１９７０年、ちょうど半世紀前のことでした。述べました通り、入社二年目の私は、就業中にこの報に接し、テレビ中継を通してではありますが、リアルタイムでこれを体験したのです。

昭和四十五年…それは「昭和元禄」ともいわれた高度成長期の真っただ中にあった、戦後日本を象徴する年でもあったのです。この年に起きた主な出来事を列挙するだけで、そのことは理解できるでしょう。

○一月
・早川電機工業が「シャープ」に社名変更
・第三次佐藤内閣発足
○三月

・核拡散防止条約発効
・大阪万博開幕（3月14日～9月13日）
・日本航空よど号ハイジャック事件発生

○四月
・ビートルズ解散
・アポロ13号、打ち上げ2日後に酸素タンクの爆発事故
・日立製作所がＬＳＩ（大規模集積回路）を開発
・中国（中華人民共和国）が初の人工衛星打ち上げに成功

○五月
・エベレストに日本人初登頂（松浦輝夫・植村直己）

○六月
・日米安保、自動延長
・チェコスロバキア、ドプチェクら改革派を除名（「プラハの春」挫折）

○七月
・日本の呼称を「ニッポン」に統一することを閣議決定

○八月
・ソビエト・西ドイツ武力不行使条約締結
○九月
・大阪万博閉幕（延べ入場者６４２１万人）
○十一月
・イタリア、中国（中華人民共和国）と国交樹立
・三島由紀夫、自衛隊決起に失敗し割腹自決
○十二月
・中国、「尖閣諸島は中国領」と宣言
・コザ暴動発生

ざっと大きな出来事を挙げるだけで、目覚ましい経済発展と東西冷戦の余波が同居した社会であったことが分かるでしょう。今振り返っても、喧騒《けんそう》に満ちた時代であったという気がしてなりません。

経済発展は「公害」という副産物を都市化した日本列島にまき散らし、「スモッグ警報」

の発令される日の小中学校の校庭では、朝礼中の生徒が次々と倒れることが日常的なニュースになっていました。多摩川から鮎は姿を消し、農村からは蛍も姿を消していったのです。

大阪ではアジアで初めての万博が開催され、まるで観覧に行くことが国民の義務であるかのような空気に押されて、私の会社でも夜行バスを仕立てて、私もさほど興味も湧かないまま弾丸ツアーで観に行ったものです。

この時、携帯電話が出品されていたことと、会場内を電気自動車が走っていたことを覚えています。まだ、ＦＡＸもワープロも、勿論パソコンもない時代のことです。私たちは、百ページ程度の企画書をプレゼンテーションのたびに手書きで書いていた時代でした。

私の初任給は、手取りで三万二千五百円。そのうち家賃が一万五千円、毎日の昼食の定食が西銀座界隈では六百円、食後に先輩についていく喫茶店のコーヒーは一杯五百円（安い店で三百五十円）であったことを、はっきり覚えています。昼食とコーヒーで千円、一カ月の出勤日は平均して二十二日（当時、既に完全週休二日制）ですから、これだけで月に二万二千円…家賃と合わせて既に赤字なのです。これを年二回のボーナスで補填《ほてん》する。つまり、ボーナスとは賞与ではなく、生活一時金であるということで、私の会社では「賞与」という名称を「一時金」と変えさせるためにバリケードを築いて会社を封鎖し、十三日間に及ぶストライキを決行したのです。

これが、華やかに語られることの多い高度成長期ピークの年の実態としての一面であったのです。

それを、高度成長の表裏という関係で語れば、万博の喧騒といってもいい華やかさと公害は、まさに表と裏であったといえるでしょう。公害企業のシンボルの一社といってもいい、世界第二位の規模の公害被害者を出した水俣病の加害企業であるチッソは、警備員に暴力団を雇って被害者に暴行を加えるという事件まで惹き起こしていました。まさにこの昭和四十五年には「大阪・水俣病を告発する会」が発足した年でもありました。

また、水俣病の存在を知りながら、昭和電工が全く同じ公害病（新潟水俣病）を発生させ、昭和四十六年、昭和電工の過失責任を問う損害賠償請求訴訟において原告が勝訴しましたが、これが、公害による健康被害に対して企業の過失責任を前提とする損害賠償を認めた初めての司法判断であったのです。

水俣病は、大東亜戦争中には既に「猫踊り病」の名で地元では知られていたのですが、水俣市による「公式発見」が昭和三十一（１９５６）年、安全宣言が出され、漁が再開されたのは、何と平成九（1997）年のことなのです。しかし、認定を巡る訴訟の一部は現在もなお続いているのです。

一方で、敗戦直後から始まった左翼思想の優位は、左翼全盛主義ともいうべき時代を生み出していました。典型的な左翼雑誌であった「朝日ジャーナル」を持ち歩くことは、大学生のファッションでもあったのです。

この昭和四十五年に日米安保は自動延長されましたが、その反対運動のピークは昭和四十三（1968）年であり、翌昭和四十四年一月の東大安田講堂の陥落によって幕を閉じていました。所謂《いわゆる》「七十年安保闘争」です。

大学卒業間近の私が、大学を封鎖する極左暴力集団から塩酸ビン、硫酸ビンのターゲットとなったのは、この時のことでした。

極左暴力集団といっても、さまざまな主義主張によって多くの分派（セクト）が存在しましたが、この年三月三十一日に日本航空「よど号」ハイジャック事件を実行したのは、「共産主義同盟赤軍派」です。

「よど号」とは、羽田発板付空港（現在の福岡空港）行きの日本航空の定期旅客便で、これが赤軍派九名に、おもちゃと模造品の日本刀、拳銃、爆弾でハイジャックされ、かなりマンガチックともいえる稚拙な経緯をたどりながらも最終的に乗っ取り犯たちは北朝鮮への亡命を果たしたのです。

これは、日本で初めてのハイジャック事件でした。実は直前の三月十五日に赤軍派議長塩見孝也が「大菩薩峠《だいぼさつ》事件」(大量粛清事件)に絡んで逮捕されたのですが、その時彼はハイジャック実行に関するメモを所持していたのです。その表題が「H・J」となっていたのですが、公安警察はそれがハイジャックを意味することに気づかなかったという、現代では信じられないようなお粗末な話も残っています。

田宮高麿《たみやたかまろ》をリーダーとする実行犯グループは残虐な極左過激派でしたが、万事に稚拙な学生でした。当初、三月二十七日に決行することになっていましたが、飛行機に乗り慣れていなかった者が遅刻して搭乗できなかったため、やむなく延期して三十一日に決行したという、これまたお粗末なエピソードを残しています。

根源的な問題ですが、彼らは真に北朝鮮に憧れて、或いは何らかの希望を抱いて北朝鮮への亡命を図ったのかといえば、そうではなかったのです。

彼らは「世界革命戦争」を目指していたのです。あまりにも稚拙ですが、その展開ステップを次のように構想していました。

日本の前段階蜂起↓北朝鮮の赤軍化（金日成体制の解体）↓朝鮮半島の武力統一↓日本全面武装蜂起↓毛沢東体制の解体↓中共の世界革命根拠地化↓北ベトナムと結合↓南ベトナム解放戦線のサイゴン攻略↓東南アジアへの革命戦争拡大

つまり、北朝鮮に憧れていたのではなく、もっとも近い「日本帝国主義と敵対関係にある国」であったからそこを目指し、北朝鮮を赤軍の軍事基地化する計画であったというのです。

何と壮大な、そして、何とマンガチックな構想でしょうか。

しかし、この幼稚な構想に酔って彼らは「戦争宣言」を発し、「東京戦争」「大阪戦争」と称して、交番や警察署への襲撃事件をたびたび実行していたのです。

北朝鮮へ向かう前、彼らは声明文を残しています。

—我々は明日、羽田を発《た》たんとしている。我々は如何なる闘争の前にも、これほどまでに自信と勇気と確信が内から湧き上がってきた事を知らない。最後に確認しよう。我々は明日のジョーである—

やはり、彼らは存在そのものがマンガであったというべきでしょう。

「明日のジョー」とは、ご存じの通り、「少年マガジン」（講談社）に連載され、ブームを巻き起こした漫画です。七十年安保闘争がピークを迎えた昭和四十三（１９６８）年、明治維新百年という歴史の節目の年に連載が始まり、まさにこの昭和四十五年四月にテレビアニメ版の放映がスタートしていたのです。

そういえば、連載が始まったその年、私が全共闘のバリケードを実力行使で突き破って封鎖されていた大学を解放した時、「敵」が籠《こも》っていた現場には無数の漫画雑誌が散乱していました。

極右三島由紀夫はアメリカに隷属する国を憂いて自衛隊の決起を促して自決。極左赤軍派は荒唐無稽な世界革命を目指して北朝鮮へ亡命。公害被害が深刻化する中、長州政権佐藤内閣は明治維新百年を祝い、「昭和元禄」そのままに大阪では万博のお祭り騒ぎ。ビートルズの解散は惜しんでも、中国の尖閣領有宣言には誰一人関心を払ったようにはみえませんでした。

そして、延々と続くレイプ事件を主とする米兵の犯罪行為にようやく沖縄住民の怒りが爆発、年末に「コザ暴動」が勃発します。この年、沖縄はまだ日本領ではなく、アメリカの占領地であったことを忘れてはなりません。

◆自国の歴史を振り返らない民族

改めて、読者諸兄にお尋ねします。特に、若年層とされる方々にお尋ねしたいのです。あなたは、これらの事件の概要だけでもご存じですか。たかだか八十年ほど前の話に過ぎないこれらの出来事をご存じですか。

満州事変、ノモンハン事件、シベリア出兵、上海事変といった出来事を知っていますか。

昭和のことは学校でも習わなかったからよく分からない？

では、日本に近代をもたらしたとされている明治維新のおおよその経緯をご存じですか。

「勤皇志士」と自称する薩摩・長州・土佐のテロリストたちがどういう殺戮《さつりく》を繰り返したかは知っていますか。

せめて、大東亜戦争（太平洋戦争）敗戦の年を知っていますか。

こういう質問が、問いとして成立するのが今の日本社会なのです。

無理もありません。といえば、物分かりがよすぎるでしょう。実はこの国では、自国の歴史を正しく教えるということを行っていないのです。高校へ進学すれば、世界史は必須科目ですが、日本史は選択科目、つまり、勉強しなくてもいい、知らなくてもいいということになっているのです。

ドイツでは女子大生が、ボランティア活動として観光ガイドをやっていることをご存じの方も多いことでしょう。彼女たちは、ホロコーストへ送られたユダヤ人の家があった場所で足を止めていいます。そこには、一枚だけ色の異なるタイルが敷かれているのです。

ここはナチスによってホロコーストへ送られたユダヤ人の家があった場所だ、あの忌まわしく、許されない歴史事実は、私たちに責任のある出来事ではない、しかし、私たちの世代はそれを知り、語り継いでいく責任を負っている…これが、若い女子大生の言葉です。

ここに、今ドイツが世界から尊敬される国の一つになっている秘密があると思えるのです。

翻《ひるがえ》って、我が国の学生は？　いや、そもそもその親世代は二十代の時、どういう日々を送っていたか、よもや知らないとはいえないでしょう。

幕府を倒して明治政府を立ち上げた、俗にいう明治維新の時、そして、昭和維新を唱えて戦争へ、戦争へと狂奔し、挙句《あげく》に原爆を投下されてアメリカにひれ伏した敗戦の時、私たちは一瞬にしてそこに至る過去、経緯を抹殺してしまいました。原因を考えることも、せめて冷静に振り返ることもしてこなかったのです。

つまり、歴史を検証するということを一切してこなかったのです。

歴史を検証しない民族に、先々のグランドデザインが描けるわけがありません。コロナ禍に噴出した同調圧力といわれる大衆心理とその表われ方は、昭和維新の時のそれとあまりにも酷似しています。

また、欧米の視線ばかりを気にした明治新政府の欧米コンプレックスと、原爆投下という人道に反する罪業《ざいごう》を犯したアメリカにただ隷属する戦後日本人のメンタリティとは全く同類のものでしょう。これも、歴史を検証しなかったことの産物といえるでしょう。

本書では、歴史の検証に資することを願って、明治維新をルーツとする昭和維新の愚かしさとその主役が誰であったのかを考えます。

歴史を検証することは、民族の未来をより幸せなものにするために必要なことです。その目的を果たすには、はっきりさせるべきことは〝炎上〟を怖れず、はっきりさせなければなりません。必要とあらば、墓を暴いてでも真実、事実をあからさまにすべきなのです。史実をオブラートに包み、誰をも傷つけずという今日的な態度を採り続ける限り、歴史の検証は不可能であることを、もういい加減に自覚すべきではないでしょうか。

私たちが歴史を検証し、この地球《ほし》に誇り高く幸せに生存していくことは、他の民族の幸せな生存を否定することには全く繫がらないことを強く指摘しておきます。

昭和という過ち　～この国を滅ぼした二つの維新～　目次

第一章

「昭和維新」とは何か

1 「天誅組」の亡霊

中国や韓国が事あるごとに靖国神社問題を取り上げる時、しきりに「歴史認識」という言葉を使います。これに慣らされてしまった日本人の方が、「歴史認識」というと大東亜戦争（第二次世界大戦太平洋戦線）をどう考えるか、どう反省しているかという問題を問う時の言葉としか認識しなくなっているように思われます。

つまり、「歴史」とは「先の大戦」のことを意味するようになってしまっており、極端に短い時間軸しかもたなくなってしまっているのです。

言い方を換えますと、閣僚の靖国神社参拝を非難する、明白な内政干渉である中国・韓国の対日外交スタンスに対する反撥、反感が「歴史」を異常に矮小化させてしまっているのです。大手左翼的メディア、右翼的メディア双方が中国・韓国の思惑と同じ土俵で歴史認識問題を論じ合うことが、結局は単なるヘイト本を生むまでに「歴史」という言葉と意味を歪《ゆが》めているといってもいいでしょう。

このことが、本来長い時間軸を引いて行うべき歴史の検証を妨げている主な一因でもあります。

蛇足ながら、そもそも靖国神社がどういう神社であるか、日本人自身が殆ど知らず、単に大東亜戦争戦没者を祀《まつ》るところ程度の認識しかもっていません。歴史の検証ということを怠ってきたツケがこういう点にあからさまに出てきており、靖国問題を中心に置いた歴史認識論争とはナンセンス極まりないものなのです。

この基盤ともいうべき背景には、国民的作家司馬遼太郎氏が、昭和前期を民族の歴史と連続性をもたない時代であると、長い歴史の時間軸から遮断してしまったことが、大きな影響力をもって横たわっています。

私は、このことについていくつかの書き物で指摘していますが、重大な問題ですので敢えて繰り返します。

司馬氏は、日露戦争から後の、大東亜戦争の敗戦までの四十年間を、日本史として「連続性をもたない時代」と規定し、『〝雑貨屋〟の帝国主義』(文藝春秋社刊「この国のかたち」収録)においてそれを「モノ」「異胎」と呼びました。

何故《なぜ》この四十年だけが我が国の歴史の中で連続性をもたないのでしょうか。即ち、この言い方は、この四十年間だけは本当の日本ではないという、特定のスタンスに立つには実に都合のいい、また身勝手な言い方であるといえるのです。

更に司馬氏は、この「モノ」「異胎」を後に別の表現に変え、四十年と規定した「連続性をもたない時代」を二十年に圧縮します。

—日本という国の森に、大正末年、昭和元年ぐらいから敗戦まで、魔法使いが杖をポンとたたいたのではないでしょうか。その森全体を魔法の森にしてしまった。発想された政策、戦略、あるいは国内の締めつけ、これらは全部変な、いびつなものでした。

この魔法はどこから来たのでしょうか。魔法の森からノモンハンが現れ、中国侵略も現れ、太平洋戦争も現れた。世界中の国々を相手に戦争をするということになりました。

(『「昭和」という国家』日本放送出版協会)—

先の「モノ」「異胎」は「魔法」「魔法の森」になってしまい、その〝生存期間〟も半分の二十年間に短縮されています。更に司馬氏は、同書の中で、昭和元年から昭和二十年までは異常である、と繰り返し断言し、

「他の日本史とは違う。特に昭和十五、六年ごろから敗戦の二十年までは異様でした。日本史の中の鬼っ子といいますか、そういう時代だった」

と、期間を五、六年にまで圧縮してしまっているのです。

「昭和十五、六年ごろから敗戦の二十年まで」とは、殆ど戦争中であって、すべてが「平時」とは違っていて当然です。どの国でも「戦時」体制を採るものであって、多少は「異様」になって当然といえば当然なのです。

確かに、我が国の戦時中も異様な時代であったでしょう。しかし、それが一つの民族の歴史としてそれまでの歴史と連続性をもたないなどということにどうして結びついてしまうのでしょうか。どのような時代であっても、その時代だけが民族の歴史と全く無関係であるなどということがどうしてあり得るのでしょうか。

私にしてみれば、この「モノ」「異胎」「魔法の森」こそが、「いわゆる明治維新」の産物なのです。それを理解するために、長い時間軸を引いて、それに沿って良いことも悪いことも全部並べて、白日の下《もと》に曝《さら》せと主張しているのです。四十年であれ、二十年であれ、そこだけを連続性がないなどといって遮断してしまうと、歴史を学ぶ、歴史に学ぶという作業ができなくなってしまうのです。

要するに司馬氏は、明治憲法における統帥権《とうすいけん》のことがいいたいのでしょう。統帥権を私した参謀本部を「異胎」だ、「魔法の森」だといっているのです。

周知の通り、司馬氏は、あの悪名高き関東軍の戦車隊の兵士であった体験をもっています。司馬氏の部隊が内地へ引き揚げた後に入った戦車隊が、司馬氏のもっとも忌み嫌う、あのノモンハン事変に遭遇しています。司馬氏がノモンハンのことを調べに調べて、結局「書けない」として膨大な資料がありながら、あまりにも汚い出来事だからといって一切書かなかったこともよく知られているところです。これも作家だから許されるのであって、歴史家であれば許されません。

司馬氏には、こんなバカな戦争を誰が惹き起こしたのかという、個人的体験からくる激しい怒りがあります。昭和陸軍の職業軍人に対する烈火の如き強い怒りが終生消えなかったことは、いろいろな著作、講演を読み、聞けば、明白です。内地へ引き揚げた自分の戦車隊の愚かしい位置づけにも激しく怒っています。

この怒りをベースに考えますと、昭和陸軍の時代、即ち、昭和前期のみを日本史における「民族としての連続性をもたない時代」と位置づけ、「いわゆる明治維新」とも完璧に切り離すと、幕末維新の歴史もストンと気持ち良く割り切って創作できるのでしょう。

では、この昭和陸軍を創ったのは誰か。昭和陸軍こそ長州軍閥の象徴的な産物ではなかったでしょうか。そして、その祖は、よくいわれる通り長州の山縣有朋《やまがたありとも》です。

司馬氏の大好きな長州閥こそが、司馬氏の憎む昭和陸軍の生みの親なのです。

日露戦争を祖国防衛戦争であったとする司馬氏の解釈には、対ロシアという観点では私も全く同意です。ところが、日露の地上戦をどこを舞台にして設計し、展開したかという観点でみれば、その舞台の一部となった朝鮮半島の人びとからすれば、それは誰がどうみても「侵略」を伴っているのです。そして、日露戦争が終わった瞬間に、陸軍参謀本部が急に暴走し、国家を、司馬氏がよく口にする「夜郎自大《やろうじだい》」な国へと引きずり込んだとするのも、あまりにも単純で、乱暴過ぎないでしょうか。

司馬氏は、「魔法の森」の主役は関東軍であるといい切ります。

関東軍の暴走は確かな史実です。史実というより、ついこの間のことですから誰もが認識しているはずです。私の父も関東軍の伍長であったし、金鵄《きんし》勲章まで授与された勇敢な兵士でした。その前線のありのままの様相を、私は幼い頃から耳にタコができるほど繰り返し、繰り返し聞かされて育ちました。

その関東軍の暴走を、何故歴史上の一つの事実として幕末動乱以降の時間軸に乗せないのでしょうか。何故そこだけを「連続性がない」として切り離すのでしょうか。

よく知られる通り、司馬氏は長州が好きです。また、人物では、吉田松陰、坂本龍馬、勝海舟が特に好きでした。そのこと自体は、全く問題ではありません。作家なら特に好き嫌いがあって当然でしょう。

しかし、もしそのことが「明治維新絶対主義」に結びついているとすれば、一般にいわれる司馬史観とは、実《まこと》に危険な欠陥を孕《はら》んでいるといわざるを得ません。

前出『「昭和」という国家』において、司馬氏は次のようにいいます。

―これは明治維新の欠陥の後遺症かも知れません。後遺症は明治期に現れずに大正末年になって現れた―

これも都合が良過ぎませんか。参謀本部の暴走は、単なる後遺症なのでしょうか。後遺症であったとしても、何故明治期には現れず、大正末年に現れたのでしょうか。厳《きび》しい言い方をしますが、これは、もはや史観と呼ぶべき思想ではありません。

司馬氏は、明治維新の欠陥、幼稚さをよく知っています。ただ、それは「欠陥」「幼稚さ」というレベルであって、「書生の革命」という司馬氏独特の表現も、その幼稚さを好意的に表現したものといえるでしょう。私の位置づける「過ち」とは、根源的に異なるのです。

この「歴史の連続性」問題を検証するには、明治維新の検証と同時に「昭和維新」の考察・検証が避けて通れないのです。「昭和維新」という天皇絶対主義者による明治への回帰運動があって、日本は急速に「異様な」軍国主義へ暴走していったのです。

明治維新以降の我が国の政官界では日常的といってもいいほど、汚職事件が発生しています。

徳川幕府を倒して明治新政府となった瞬間に、「山城屋和助事件」「尾去沢銅山事件」「小野組転籍事件」という、歴史に残る長州閥による醜悪な汚職事件、権力犯罪が起きています。これは、すべて長州人による権力犯罪でした。

その後も、明治維新を遂行し、近代の幕を開いたとされてきた「勤皇志士」たちの殆どが大倉、三井、三菱などの政商と驚くべき不適切な関係をもち、多くの場合、双方が具体的な利益を手にしてきたのです。特に三井と長州閥の癒着は、明治以降の我が国の歴史の中心軸であったといっても過言ではないでしょう。

代表的な一例として、大正三（1914）年に発覚した「シーメンス事件」があります。

これは、ドイツのシーメンス社が日本の海軍高官へ多額の賄賂を贈っていたという事件で、これによって、第一次山本権兵衛《やまもとごんのひょうえ》（薩摩）内閣は崩壊しました。

この事件では、ドイツの司法裁判所が海軍関係者を実名で公表していますが、例えば藤井光五郎機関少将（福本藩）は、軍艦一隻につき5パーセント、その他の発注についでは2・5パーセントのコミッション（実質はリベート）を受け取っています。この料率は、慣例として決まっていたのです。つまり、代々の海軍高官は、軍艦を購入するたびに高額の賄賂を受け取る仕組みができていたのです。

こういうことになると、「近代」と呼ばれるようになった明治以降の長州閥を核とした政治権力者は、実にスピーディに「癒着の構造」を型として創り上げました。

つまり、代理店となっていた日本の政商にとっても政治、軍備、更には戦争は儲かるという型を創り上げていたということであり、このことを成立させた政治スタイルを、私は「長州型」と呼んでいます。そして、それは明治維新という出来事がなければ成立していなかったことなのです。

昭和七（1932）年に五・一五事件、昭和十一（1936）年には二・二六事件が勃発します。昭和八年には、日本は国際連盟を脱退しました。

二つの事件は、共に天皇絶対主義者の青年将校たちが首謀したクーデター未遂事件です。

彼らは、「昭和維新　尊皇斬奸《そんのうざんかん》」をスローガンに、明治維新への回帰を意味する「昭和維新」の断行を「第二の維新」と呼んで決行しようとしたのです。

この時、メディアと大衆はどう反応したか。この点に昭和維新を解明する一つの鍵が潜《ひそ》んでいるのです。

改めて、明治という時代は、長州閥と薩摩閥を中心とした、討幕戦争を主導した藩が政治権力を独占した時代でした。この政治のあり方は、「藩閥《はんばつ》政治」と呼ばれています。

ところが、明治十（1877）年の「西南の役」で薩摩閥の柱であった西郷隆盛と彼の一派が滅びることによって、政治権力の中心は長州閥へと移り、ここから我が国の政治は長州閥によって動かされていくことになりました。

先に歴史の連続性ということについて、司馬史観と呼ばれる考え方に異議を唱えましたが、明治維新至上主義者とも評すべき司馬遼太郎氏は、『「明治」という国家』（日本放送出版協会）において、次のように語っています。

―明治は、リアリズムの時代でした。それも、透きとおった、格調の高い精神でささえられたリアリズムでした―

また、「明治は清廉で透きとおった〝公〟感覚と道徳的緊張＝モラルをもっていた」ともいい切っています。

私は、これには絶対的な異論があります。むしろ、司馬氏のこの観察には唖然《あぜん》とするのです。

公感覚とかモラルということについていえば、明治新政府のリーダーに成り上がった開化主義者や新しく生まれたエリート層は、江戸期武家社会の倫理観や武家らしい佇まいというものからはほど遠かったことをはっきり指摘しておきます。そして、その後の「明治近代」社会において、藩閥政治故の政権の腐敗が常態となったことを知っておかないと、半世紀後の昭和維新という異常なムーブメントは理解できないのです。

そもそも明治新政府とは、「王政復古」をスローガンとし、天皇親政を企図した「復古政権」でした。これは、これを喚《わめ》いていた尊攘《そんじょう》激派といわれたテロリスト本人たちですら、少し冷静で頭の回る者は単に名分として喚いているに過ぎないことをある程度自覚していたはずです。目的は討幕とその結果としての政権奪取であって、「復古」はその目的を達成するための思想的宣伝道具に過ぎなかったはずなのです。さも思想をもって活動しているかのように装っていただけなのです。

ところが、よくあることですが、あまりにも激しくこれを囃《はや》し立てている間に気分が高揚し、手段の域を超えてしまい、目的をすらぐらつかせてしまう局面が出てくるほどに、彼ら自身が狂乱し、錯乱してしまったのです。

単に名分であったものを具体的な行動指針として錯乱するほどに狂信する者が出てきた時、名分を打ち立てた指導層というものは、その名分の下に勢力を創り上げてきただけに狂信する構成員を否定できないものなのです。

その結果、この時喚かれた復古という主張は、幕府瓦解から半世紀も経つと天皇に神性を与える天皇原理主義と呼んでもいい狂信的な天皇絶対主義として成熟してしまっていたのです。この延長線上に昭和維新という、過激な「明治への回帰運動」が噴出したということなのです。

「維新の魁《さきがけ》」などといわれる稚拙な、稚拙すぎて勝者となった薩長政権すらもせいぜい正史の片隅にしか記せなかったテロリズムがありました。

久留米藩真木和泉《まきいずみ》という、神官上がりの狂気の復古主義者の発議といわれていますが、長州・土佐の過激派が、三条実美《さんじょうさねとみ》などの長州派公家を操り、孝明天皇の神武天皇陵参拝をぶち上げたのです。文久三（１８６３）年のことでした。

孝明天皇が大和へ行幸され、神武天皇陵を参拝した上で「攘夷《じょうい》の断行」「天皇親政」を宣言するというもので、これを詔勅として発しました。勿論、これも当時尊攘激派が乱発した偽勅《ぎちょく》の一つであるとされています。つまり、天皇が発する詔勅の偽物《にせもの》です。

この時期の朝廷は、討幕過激派の巣窟といってもいい有様で、「京都政局は〜」などとアカデミックに論じる対象ではありません。

これを受けて、土佐脱藩の跳ね上がりともいうべき吉村寅太郎《よしむらとらたろう》ら約四十名が、過激だけが売りの若輩公家中山忠光（当時数えで十九歳）を担いで挙兵したのが「天誅組《てんちゅうぐみ》の変」と呼ばれるテロなのです。

確かに、大和朝廷という言葉が存在するように、大和は天皇家発祥の、或いはその支配権が成立した、過激派にしてみれば聖地でしょう。天誅組は、そういう大和で挙兵し、天皇の「大和行幸」を迎えようという名分を立てました。勿論、勝手な名分で、天皇は、先に挙兵し、大和で迎えてくれなどと頼んでもいません。このあたりの言い分は、マンガチックとしか言い様《よう》がありません。

天誅組は、南大和七万石を管轄する代官所である五条代官所＝五条陣屋を襲撃、代官鈴木源内以下を惨殺したのです。

いっぱしの志士気取りの跳ね上がり集団が大和で挙兵を図り、そこでターゲットにされたのが五条陣屋であったということなのです。

要するに、旗揚げの血祭りとして幕府代官の首が欲しかったというだけのことだったのです。

代官の鈴木源内という人は、ひと言でいえば善政家でした。領民からの信頼も厚かった人物です。

蛇足ながら、元禄期以降にテレビドラマに登場するような「悪代官」は、一人もいなかったといっても過言ではありません。

この天誅組という、復古を喚き、復古の聖地と位置づけた大和で何の意味もない武装蜂起をしたテロ集団は、彦根藩などから成る幕府軍によって比較的容易に鎮圧されました。

ところが、明治新政府成立から僅か半世紀強しか経っていない昭和初期に、私たちはその亡霊を見ることになるのです。

五・一五事件、二・二六事件というクーデターを惹き起こした、「昭和維新」を唱える天皇原理主義に染まった「青年将校」たちがそれなのです。

繰り返しになりますが、そもそも「昭和維新」とは何であったのでしょうか。

これについては膨大な量のアカデミックな論や研究が存在します。しかし、その多くが、例えば北一輝《きたいっき》の『日本改造法案大綱』や安岡正篤《やすおかまさひろ》の『錦旗革命論』といった個々の政治主張、政治思想を掘り下げて論じるだけで、それがテロリズムを手段としたものであったという全体像をザクっと摑《つか》むということが行われてこなかったといえましょう。

理論や文章の読解力を試すには、「大意」と「要約」に分けて、両者を同時に書かせるとそれは直ぐ判ります。これに倣うのが最適とは思いませんが、多くのアカデミックな昭和維新論とは優れた「要約」ではありますが、「大意」が何かを全く摑んでいないと思われます。

そのために、我が国を無謀な対英米戦争に引きずり込んだ、直接的な愚か極まりないムーブメントでありながら、戦後日本人は全くこの本質を捉え難くなっているのではないでしょうか。

敢えて「大意」として昭和維新とは何かと問えば、それは「天皇原理主義者である右翼国粋主義軍人たちによる、天皇親政を目指した明治精神への回帰運動」であったと表現できるでしょう。

つまり、幕末動乱期に薩長過激派を中心とした討幕テロリズムに走った輩《やから》がしきりに喚いた「尊皇攘夷」というスローガンと全く同類の政治スローガン「尊皇斬奸」を掲げ、それを実行しようとした愚かな「天皇絶対主義運動」なのです。「一君万民《いっくんばんみん》」などのスローガンも口にして、国家改造を仰々しく叫んだ、まるで天誅組の亡霊のような青年将校たちは具体的にどういう行動を起こしたのでしょうか。それが、血盟団事件、五・一五事件、二・二六事件なのです。

この三つのテロ事件は、昭和維新の第一弾、第二弾、第三弾と数えられますが、天皇親政を唱えることもさることながら、その理論武装たるや実に稚拙なもので、誰と誰をと、暗殺ターゲットだけは定めるものの、その後何をどうするかという点になると、全く何も青写真をもっていなかったのです。

暗殺だけは「討伐」「天誅」の名で明確に目標を定め、国家改造を唱えながら何も具体的な構想を描けないところは、まさに明治維新時のテロリストと全く同じであったといえるでしょう。

尤《もっと》も、天皇親政を目指しながら、国家のあり様《よう》を論じること自体が天皇の「統治大権」を犯す謀反《むほん》（大権私議）に当たるとするのですから、真にこれほど無責任で愚かしい詭弁《きべん》はありません。

作家三島由紀夫などの影響で、ややもすると「青年将校」という響きを麗しく聞く向きも多いのですが、彼らは口を開けば「維新回天の捨て石にならん」などと叫ぶだけで、実相は組織的な暗殺を繰り広げたテロリスト以外の何者でもなかったのです。

要するに、彼らが主張した断片的な言い分を帰納的に積み上げて、それをアカデミックに思想として分析することにさほどの意味はないのです。時間軸と思想軸（思想の幅）から成る座標をしっかり設け、まずは演繹《えんえき》的に「大意」をきっちり把握することから始めれば、彼らが研究に値する国家像など何ももっていなかったことは明白に理解できるはずです。

治安維持法制定以前、即ち、日露戦争以前の明治を理想国家とする彼らの思想についても、これを「国家社会主義」だ、「日本式社会民主主義」だなどと云々《うんぬん》することも、北一輝流の階級闘争史観に無理やり当てはめている面があり、ナンセンスでしょう。

北一輝が、男女平等や累進課税制、或いは大資本の国有化を主張していた点に着目し、当時としては進歩的な思想と受け止める論も多くみられますが、彼の思想基盤は「天皇制廃止」です。昭和維新のこの時点で、彼は私有財産の制限を主張としてもっていました。

昭和維新を唱えるテロ事件の主犯実行者のどこまでが北の本質を理解していたかは極めて疑わしいのです。

裏面史的に語ってはいけないと自戒しつつ述べていますが、明治新政府の藩閥をルーツとする陸軍内部の皇道派と統制派の対立、テロ実行者と先鋭化していた「国体原理派」(西田税《にしだみつぎ》)との関係だけは、細密に検証しておく必要があるでしょう。

事件の実行者たちは「君側《くんそく》の奸《かん》」として元老や政府首脳、そして財閥を抹殺すべき敵としていましたが、彼らの精神的支柱となっていた北一輝には、実は三井から多額の資金が渡っていたことが判っています。その額、半年毎に一万円。当時の一万円とは、総務省統計局の戦前の物価指数を指標とすれば、おおよそ七千〜八千万円に相当します。

こういう金が北一輝の生活費と活動費となり、一部が国体原理派の西田に流れていたのです。

青年将校たちが市民貧窮、農村疲弊の元凶とした財閥。その財閥からテロの実行者である彼らに資金が流れていたという不可解さ。

結局のところ、昭和維新の背景には、明治維新が生み出した官民癒着と天皇原理主義が脈々と流れていたのです。

2　英雄となったテロ実行犯

昭和維新の代名詞のように扱われるのが、五・一五事件、二・二六事件という二つのクーデター未遂事件ですが、事件の知名度や研究対象とされる頻度、更には映画やドラマ化される回数には大きな差があります。改めていうまでもなく、二・二六事件の方が圧倒的に有名です。五・一五事件になると、今やこの事件の存在そのものを知らない人の方が遥かに多いのではないでしょうか。

その理由は、主に二つ考えられます。

一つは、規模の大小でしょう。特に、被害者、つまり殺された者が多い、少ないの違いです。これは二・二六事件の方が多く、従って、こちらの方が相対的に〝派手〟なのです。

今一つの理由は、一つ目の理由と関係していますが、作家三島由紀夫などによって二・二六事件が青年将校側の視点から麗しく物語化されてきたからであると考えられます。そのフィクション的構造は、「尊皇攘夷」を叫ぶ過激派テロ浪士を「勤皇志士」と呼んで麗しく語ってきた〝明治維新物語〟と全く同じであり、その点では「昭和維新物語」と呼んでもいいような虚飾に満ちているとはいえ、悲劇的な美しさを訴えてきたからでしょう。

しかし、二つの事件は、いや、これに連なる血盟団事件や、三月事件、十月事件、神兵隊事件などを含めた昭和維新を標榜する一連のテロ、テロ未遂事件は、すべて直接的な繋がりをもった一つのムーブメントであったのです。このムーブメントが、明治維新が生み出した天皇原理主義を人心の究極の深部まで浸透させ、宗教的ともいえる軍国日本を出現させたのです。

中でも五・一五事件は、曲がりなりにも定着し始めていた二大政党による政党政治を終焉させた点で、特に重要な意味をもつテロ事件でした。二・二六事件は、五・一五事件がなければ発生していたかどうかさえ疑わしいと考えられます。その意味では、二・二六事件とは、五・一五事件の派生であると位置づけることができます。二・二六事件は五・一五事件の四年後に発生しており、実行犯の青年将校の中には五・一五事件の実行犯将校たちと「国家改造」を目指して交流をもっていた者も含まれており、五・一五事件では陸軍側は「自重した」という側面もあるのです。

その割には五・一五事件の内容そのものがあまり語られてこなかったことは、歴史の検証という観点からすれば非常に危険なことであり、ここではその概要を整理しておきましょう。

この事件は、昭和維新を唱える海軍青年将校が犬養毅《いぬかいつよき》首相を襲撃して殺害した事件として知られています。発生は、昭和七（１９３２）年五月十五日、日曜日のことでした。犬養首相と襲撃犯のやり取り、

―「話せばわかる！」

「問答無用！」―

これだけが、あまりにも有名ですが、この事件は単に総理大臣の暗殺事件ではなく、明確な意図をもった同時多発テロであったのです。

しかし、その展開は、「明治維新をやり直す」「国家改造！」と叫ぶにしては実にお粗末でした。内閣総理大臣が暗殺された事件をお粗末と評するのは適切ではなく、また誤解を受けそうですが、彼らはもともとクーデターを目指しており、それが結果として形の上ではテロに終わってしまったというのが実情であったのです。

海軍青年将校たちが率いる実行部隊は、四組に分かれて同時多発テロを実行しました。一応、計画を実行に移したので「実行した」と表現しますが、各パートについては「未

遂」と呼んだ方が適切なところも多いのです。

第一組は首相官邸を襲撃しました。

三上卓海軍中尉　28歳
山岸宏海軍中尉　25歳
黒岩勇海軍予備役少尉　26歳
村山格之海軍少尉　25歳
陸軍士官候補生５名

第二組は牧野伸顕《のぶあき》（大久保利通の次男、吉田茂は娘婿、麻生太郎氏は曾孫）内大臣官邸をターゲットとしました。

古賀清志海軍中尉　25歳
陸軍士官候補生３名
陸士中退　池松武志　23歳

第三組は政友会本部襲撃を担いました。

中村義雄海軍中尉　25歳
陸軍士官候補生３名

第四組は軍人以外で構成されました。

奥田秀夫　明治大学　23歳

農民決死隊　愛郷塾生6名

昭和七（1932）年五月十五日、午後5時過ぎ、第一組九名は靖国神社で落ち合い、二台のタクシーを拾って首相官邸へ向かいました。食堂にいた犬養首相は彼らと話をしようとしたようで、客間へ案内、ここが有名な、

「話せば分かる」「問答無用！」

の現場となったのです。首相の頭部に直接拳銃を発射したのは、三上卓と黒岩勇です。弾はこめかみあたりに命中しており、三上以下は犬養首相は即死したとみて、五時五十分頃官邸を去ったのですが、首相はまだ絶命しておらず、息を引き取ったのは午後十一時二十六分でした。

右のあまりにも有名な犬養首相と襲撃犯とのやり取りについて、孫の犬養道子（当時十一歳、母方の曽祖父が後藤象二郎）は明快に否定しています。当日の読売新聞号外の中見出しには、

「撃つなら撃て」と首相

言下に轟然《ごうぜん》一発発射

とありますが、これも事実と異なります。しかし、これについては、これ以上触れません。

第一組は、首相官邸からまたタクシーを拾って警視庁経由で憲兵隊本部（麴町）へ向かったのです。

実は、決起部隊は「警視庁決戦」を最大の目的としていました。腐敗しきった政党、財閥の手先となっている（と彼らはみていた）警官たちと撃ち合って討ち死にを覚悟していたのです。

ところが、警視庁に着くと、首相官邸を襲撃してきたというのにそこは実に平穏で、長閑《のどか》な雰囲気でした。やむなく三上たちは憲兵隊本部へタクシーを走らせたのです。

第一組の二代目のタクシーで黒岩・村山たちが警視庁に着いた時には、警視庁玄関前には二、三名の警官が負傷して倒れていました。黒岩たちが警視庁内に入ると、人が殆どおらず、職員に聞くと日曜で誰もいないといいます。やむなく彼らも憲兵隊本部へ向かいましたが、着いてみるとここも静かなもので、彼らは急遽日本橋の日本銀行へ向かい、手榴弾一発を投げました。これは、玄関付近を破壊しただけでした。彼らは、再び憲兵隊本部へ取って返したのです。

古賀清志中尉率いる第二組は、高輪泉岳寺集合、赤穂《あこう》義士の墓に手を合わせてから出発。午後五時二十五分、内大臣牧野伸顕官邸に着き、手榴弾二発を投げ入れましたが、一発は不発。この時、牧野内大臣は邸内で碁を打っていたのですが、彼自身には襲撃されたという自覚はなかったようです。

第二組もこの後警視庁へ向かいますが、到着すると第三組が先に着いており、陸軍士官候補生の投げた手榴弾が電柱に当たって炸裂するのを目撃、彼らも車を降りて二発投げましたがいずれも不発。普通に声をかけてきた警官に古賀が拳銃を発射、警官、書記、新聞記者が負傷しましたが、警官たちが押し寄せてくる気配も全くなく、拍子抜けした彼らは憲兵隊本部へ向かったのです。

中村中尉率いる第三組は、新橋駅二等待合室集合。午後五時三十分頃、政友会本部へ行き、中村が手榴弾を投げ入れました。これは不発、中村はこれを拾って再び投げ入れましたがまたも不発。士官候補生中島が別の手榴弾を投げてようやく爆発。これだけで政友会本部を去り、警視庁でも手榴弾を投擲《とうてき》しましたが、これも二回目でようやく爆発、前述した通りこれを古賀たち第二組が目撃していたのです。

第三組は、そのまま憲兵隊本部へ向かいました。途中でビラを散布しましたが、目立った決起行動は他には実行していません。

第四組、明治大学の奥田は単独行動でした。帝都東京の混乱を惹き起こすことが任務でしたが、三菱銀行を狙い、銀行の奥庭に手榴弾を投げ入れたものの、木に当たって届かず、手前の道路で爆発。人だかりがしたので奥田は逃げて代々木へ向かい、友人と麻雀やビリヤードで遊んで、翌日帰宅したところを逮捕されました。

一方、茨城愛郷塾の農民決死隊は、文明の象徴である電気を止めることで首都を暗黒化し、農民の窮状を解《わか》らせることを目的としていましたが、各地の変電所六ケ所を分担して襲ったものの、手榴弾が不発であったり、破裂しても板塀を破損させるだけであったり、恐怖心が湧いて何もせず逃走したりという有様で、東京の送電機能に何もダメージを与えることができなかったのです。

お気づきの通り、この事件では手榴弾の不発がやたら多いのですが、これは三上中尉が海軍陸戦隊から持ち出したものです。当時、満州事変に従軍していた私の父の証言では陸軍でも同様で、直線的に勢いよく投げると爆発しないという性能の問題であったのです。一定の角度でゆっくり放物線を描くように投げるという、それなりの訓練や多少の慣れが必要であったということでした。

余談ですが、皮肉なことに私の父は敵（八路軍）の手榴弾（大概日本軍の残したもの）に被弾して、全身の肉片が飛び散る凄惨な姿となる重傷を負ったものの一命だけはとりとめ、近所の子供たちが怖がったほどあちこち肉の剝がれた身体で復員しました。

以上が、昭和維新を唱えて決起した決起部隊の、決起行動の概要です。

決起を肯定する気は全くありませんが、お気づきの通り、犬養首相の殺害以外は実にお粗末という以外《ほか》にありません。この行動だけをみれば首相暗殺事件としてのみ語られてもおかしくはないのです。

しかし、この事件は、以下の点で非常に重要な意味と性格をもっており、明治維新と長州閥の腐敗がもたらした負の歴史の「最終形の始まり」、即ち、狂気の軍国日本の異様な実相として精査されなければならないのです。

・この事件を以て、我が国の短い政党政治が終焉した。
・明治維新の産物である天皇原理主義があまねく浸透することを更に推進した。
・テロの加害者が「英雄」となり、テロ自体が「義挙」となっていく空気を新聞メディアが創り上げた。
・この空気が裁判・軍法会議の過程で、減刑嘆願運動を異様に盛り上がらせた。
・大川周明、北一輝、西田税、井上日召らの国家改造思想と結びついていた。
・二・二六事件を誘発した。
・動機の「至純」が強調され、「桜田門外の変」に擬され、「赤穂義士」「勤皇志士」が引き合いに出され、これ以降今日に至るまで「維新」という言葉が意味を取り違えて美化された。
・犯人三上卓作詞の「昭和維新行進曲」が大流行し、神性天皇賛美の空気の中で文部省は国定教科書を改訂し、更に天皇原理主義教育を推進した。

結局、テロの犯人たちは一人も求刑された死刑になることなく、英雄として出獄したのです。

何故そういうことになってしまったのでしょうか。

実は、五・一五事件の犯人たちを「憂国の士」として英雄に祭り上げたのは、陸軍側の意向を汲んだ新聞メディアであったのです。

「政党による軍部の圧迫」「政党と財閥の腐敗」「農村の窮乏」といったことがしきりに訴えられ、これらが「私心なき青年の純真」という言葉に集約されて、犬養首相暗殺犯たちを異常に美化したのです。

青年将校の誰それは病気の家人に黙って家を出たとか、遺書を懐にしまっていたとか、まるで芝居の「赤穂義士」扱いをしたのです。判士（裁判官）も検事側軍人も、傍聴席の市民も皆泣いたと報じる記者たちは、

「こんな感激に満ちた公判に立ち会ったことはない」

とまで書き立てたのです。もはや、痴呆の極みというべきでしょう。そうでなければ、悪質な「尊皇プロパガンダ」以外の何物でもありません。

深刻なことは、事件が「桜田門外の変」になぞらえられ、讃えられたことです。メディアが、暗殺と暗殺実行犯を「純真」をキーワードとして情緒的に麗しく讃えたのです。

注目すべきことは、これが今も「啓蒙機関」であると自負している新聞メディアの当時の記者たちが書き、堂々と掲載された記事であるということです。こういうレベルの新聞論調が、テロ実行犯を英雄扱いしたのです。

そして、敗戦後は、「戦争を語り継ごう」と、相変わらず情緒的な報道を飽きもせず七

十五年も続けている新聞メディアが、今日に至るも自らの当時の言論を恥じ、「昭和維新」を推進した自らの罪業を反省したことは一度もありません。

海軍側、陸軍側合わせると、テロ実行犯に対する減刑嘆願書は、何と百万通にも達しました。この運動は、大衆運動と化し、特に陸軍士官候補生の軍法会議（公開）は異様というべきものでした。判決言い渡しの日には被告の人数と同じ十一本の詰められた（切断された）指が公判廷へ持ち込まれて披露されるという異常さであったのです。

このテロ事件を通して、もっとも多く使われた言葉は、「昭和維新」「天皇の大御心《おおみこころ》」でしょう。

実行犯の一人、海軍中尉中村義雄が公判において注目すべき陳述を行っています。

中村は、政党政治を「幕府政治に還元するもの」と批判したのです。確かに徳川幕府の政治は、テロによって成立した暴力的な近代明治政府の〝本性〟とは違って非常に倫理性の高いものでしたが、そういう本質を理解していない中村は、政党政治をその幕府政治と同じだとして批判したのです。

このことは、彼らが全く誤った明治維新解釈を叩き込まれ、それを何ら疑うことなく妄信していたことを示しています。

主犯の一人三上卓海軍中尉は、「天皇の大御心に背く者は政治家・財閥・軍閥を問わず排除すべきもの」と主張しました。

被告への同情・共感は、「動機が正しければ許される」「至純の情こそが尊い」「無私の精神に勝るものはない」という、「痴呆的な情緒が支配する社会」を生み出していくことになったのです。

幕末「禁門の変」の際、長州兵を率いて御所を砲撃した「尊皇攘夷」過激派・久留米藩真木和泉が全く同じことをいっています。

こういう昭和維新精神が燃え盛る中、昭和八（１９３３）年、日本は国際連盟を脱退しました。日本の満州侵略を、国際社会は容認しなかったのです。

随員を引き連れ、議場を去る松岡洋右《ようすけ》（長州）。国際社会からの孤立を恐れず、堂々と自説を押し通して去っていくかの如き映画ニュースの松岡の姿に、新聞も、それに煽られた国民も拍手喝采を送ったのです。

驚くべきことに、新聞十二紙は次のような共同宣言を発表して、松岡を讃えました。

「国際連盟の諸国中には、東洋平和の随一の方途を認識しないものがある」

戦前の新聞のあり方については、軍の検閲があって意に反することを書かざるを得なかったということがよく語られますが、昭和八年というこの時点においては、そういうことは全くありません。こういう新聞の自己弁護は、全く事実に反することを肝に銘じて知っておいていただきたいと思います。

大正から日支事変までの軍というものは、それほど〝強い〟存在ではなかったのです。司馬遼太郎氏でさえ、この時代の軍については、

「軍人の値打ちがもっとも軽かった時代」

という趣旨のことを何度も述べています。

新聞メディアは、自らの意思で「昭和維新」という狂気の時代を創り上げる役割を担ったのです。

これに煽られた国民は、松岡が横浜港へ帰国した時、歓喜の声を上げて出迎えました。その数二千人。文字通り、その光景は狂喜乱舞と表現すべきもので、これが大東亜戦争へと国家を導いた昭和維新の象徴的な実際の姿なのです。

この風潮に乗って、更に神性天皇、神国日本という妄想を国民に染み渡らせた存在があります。それは、文部省です。

同じ昭和八年、文部省は国定教科書の全面改訂を行いました。これによって、まだ柔ら

かい脳をもつ子供たちに、神国日本、神性天皇という思想を叩き込んだのです。

これこそ既に近代化路線を歩み始めていた徳川幕府を倒すための暴力エネルギーの源泉となった、幕末に流行った「勤皇論」そのものであり、それを、さあこれから社会的知識の初歩を身に付けなければいけないという小学生にいきなり教科書が強制したのです。

青年将校たちは、明治維新への回帰を謳ってテロ事件を実行しました。彼らを利用する形で時の文部省が、教育という名を騙《かた》ってそれを実践したのです。

例えば、「修身」の教科書には、入学早々に教わる部分に次のような文章が登場します。

「ススメ、ススメ、ヘイタイススメ」

二年生になると、

「テンノウヘイカハ、ワガ大日本テイコク

ヲオヲサメニナル、タットイオンカタデアラセラレマス」

と、無条件に天皇親政と天皇の高貴さを説き、「兵隊進め」と対外進出気分を醸成するのです。そして、大日本帝国の臣民として生まれた有難さ、幸せを強調します。まだ満足に文字も読めない段階からこれを唱和させ、それが幸せだと決めつけるのです。今、全く同じことが、しきりに暗殺を扇動した吉田松陰礼賛教育として山口県の一部小学校で行われています。

これが「天皇の御恩」に報い、天皇のために命を奉げるのが臣民としての最高の美徳であるという思想を、当たり前のものにしていくことになります。

ここには、もはや知性や理性の欠片《かけら》もありません。宗教的感情にも達しない妄言といっていいでしょう。これが学校教育の根幹となったのです。

今のように、スマホやＰＣが普通に存在し、殆ど価値のない情報までもが溢れている時代ではありません。教科書の影響力、学校教育の影響力は、平成、令和とは次元が異なることを知っておかなければなりません。

戦後の昭和四十七（１９７２）年、高度成長のピーク時ですが、日本はＧＮＰ（今のＧＤＰと考えていい）で西ドイツを抜き、世界第二位の経済大国となりましたが、その時代でもまだＰＣはおろか、ＦＡＸも存在しなかったのです。その頃でも教科書が「知識のベース」であったことは、私自身が身をもって知っています。

でも、それは建て前ではないか、特攻でも誰も「天皇陛下万歳！」と叫んで死んだ者はいないと聞く、という反論があるでしょう。

確かに、建て前です。しかし、今の新型コロナ騒動をみてみれば分かるのではないでしょうか。私たち日本人が如何に社会の同調圧力に弱いかについては驚くべきものがあるではありませんか。

他県ナンバーの車に嫌がらせのビラを貼り、田舎の親は東京の大学に通う息子に「帰ってくるな」と指示し、大学運動部にクラスターが発生すると、無関係な学生の家族までもがクリニックで無関係な病気でも診療を拒否されるのです。そこには医学的知見や統計的傾向を考えるという科学的センスは皆無です。令和の今でも、こういう有様なのです。

少なくとも、昭和八年以降のこの「天皇教育」「神国教育」がなければ、特攻という思想そのものが生まれていたかどうかは疑わしく、竹やり精神などという大衆扇動も一般化していなかったはずなのです。

斯様《かよう》に、メディアの昭和維新扇動を背景にして、「尊皇攘夷」「神国日本」を小学生の時から叩き込み、ひたすら戦争へのエネルギーを培養したのが、事もあろうに文部省であったのです。

私は「戦犯（戦争犯罪人）」という言葉は嫌いですが、敢えて私たち自身の手でそれを見極め、裁くとすれば、軍部の前にまず、新聞メディアと文部省でしょう。軍部の強引な政治介入が始まるのは、この後からです。

昭和維新運動に大きな力を発揮した昭和八年から十二年に至る文部省。この時の文部大臣を挙げておきましょう。二度と過ちを繰り返さないというならば、彼らこそが大東亜戦争突入と遂行に大きな役割を果たしたことを知っておくべきではないでしょうか。

鳩山一郎、松田源治、平生釟三郎《ひらおはちさぶろう》、木戸幸一、荒木貞夫。これが、その張本人、時の文部大臣です。

私たち日本人は、「死者にムチ打たず」ということを美徳としています。史上最長の任期を記録しながら、民の幸せに資する施策となると殆ど何もできなかった安倍晋三氏が病気で退陣するとなると、病気であるという一点においてもはや批判してはいけないのです。金曜日に病気による退陣が発表されると、月曜日には支持率が何と20ポイントも急上昇するのです。

この態度が、このたかだか百五十年という短い「醜悪な近代」の検証を阻んできたといえないでしょうか。

凡そ「官」に属する者、公人と位置づけられる者の歴史に関わる主張や行状は、墓を暴《あば》いてでも白日の下に晒すべきなのです。それを怠ったから、今の我が国は知らぬふりして他国の隷属国家であり続けるという体たらくなのではないでしょうか。

五・一五事件への狂った賛美は、今度は陸軍青年将校による二・二六事件を誘発し、大政翼賛運動へと繋がっていきました。

ただ、青年将校たちの主張の中で、財閥の腐敗という点だけは、紛れもない事実です。そして、それはすべて明治維新時の長州汚職閥と財閥にまで肥大した商人との癒着に行きつくのです。

特に、三井と長州閥の汚濁にまみれた関係は、今からでも軍国日本の大きな推進力として広く天下に晒すべきでしょう。

昭和維新運動を日本の「文化大革命」とする保阪正康氏は、次のように述べています。

—思えば、五・一五事件の法廷が出発点であり、ついで松岡の国際連盟脱退に拍手を送ったのが誤りだったのである。日本に「文化大革命」は、二度と起こさせてはならないとの昭和前期の教訓を、私たちは忘れるわけにはいかない。感情をコントロールされるのは、されるほうも悪いということを肝に銘じておくべきであろう。（講談社『昭和史七つの謎』）―

つまり、氏は、国民自身の戦争責任を問うているのです。

3 逆賊となった二・二六事件の将校たち

神性天皇教育が強まりつつあった中、五・一五事件の衝撃がまだ完全には消えていなかった昭和十一（１９３６）年二月二十六日、雪の日の未明、今度は陸軍の青年将校が決起しました。二・二六事件です。

五・一五事件から四年、彼らは明らかに五・一五事件の影響を受けており、その失敗から学ぼうとした形跡があります。

陸軍には、大きく分けて「皇道派」と「統制派」という、薩長藩閥政治の名残りともいうべき派閥が存在しました。決起した青年将校たちは「皇道派」の影響を色濃く受けた者たちです。

この両派の対立は、二・二六事件を語る時常に強く指摘されますが、これはどこまでも背景要因であって決起を決定づけた主たる原因ではありません。ただ、無視はできない背景要因として意識はされるべきでしょう。

五・一五事件で決起したのは、海軍の青年将校たちでしたが（一部陸軍士官候補生を含む）、今度は、五・一五事件の際には自重した陸軍の青年将校たちが「昭和維新 尊皇斬奸」をスローガンに掲げ、決起したのです。

先にも述べましたが、一般には五・一五事件よりこの二・二六事件の方がよく知られていますが、その一つの理由は、二・二六事件の方が規模が大きかったからでしょう。規模とは、決起した将校の人数とか被害者の数です。不謹慎なことですが、殺害されたり、負傷した人数が多いほど、この種の事件は注目を集めるものです。

この二・二六事件も、五・一五事件同様、クーデター未遂事件ですが、二・二六事件の場合は、陸軍青年将校たちが、下士官、兵たち１４８３名を率いて決起したのです。つまり、軍の一部を動かしたという点に深刻な特徴があったのです。

結果的に鎮圧されたので、彼らを「反乱軍」と呼びますが、反乱を主導した青年将校とその所属部隊は次の通りです。これらは、あくまで主たるメンバーであることを承知しておいてください。当時の軍律では、これを「首魁《しゅかい》」と呼びます。

・野中四郎　陸軍歩兵大尉　歩兵第3連隊第7中隊長
・香田清貞　陸軍歩兵大尉　歩兵第1旅団副官
・安藤輝三　陸軍歩兵大尉　歩兵第3連隊第6中隊長
・栗原安秀　陸軍歩兵中尉　歩兵第1連隊附
・河野壽　陸軍航空兵大尉　所沢陸軍飛行学校操縦学生
・村中孝次　元陸軍歩兵大尉
・磯部浅一　元陸軍一等主計
・北一輝　思想家
・西田税　思想家　元陸軍騎兵少尉

大尉クラスが首魁とされたようですが、その他中尉、少尉クラスでは以下の将校たちが参加しています。

・対馬勝雄　陸軍歩兵中尉　豊橋陸軍教導学校附

・中橋基明　陸軍歩兵中尉　近衛歩兵第３連隊附
・坂井直　陸軍歩兵中尉　歩兵第３連隊附
・田中勝　陸軍砲兵中尉　野戦重砲兵第７連隊附
・中島莞爾《かんじ》　陸軍工兵少尉　鉄道第２連隊附
・高橋太郎　陸軍歩兵少尉　歩兵第３連隊
・林八郎　陸軍歩兵少尉　歩兵第１連隊

これらの主導者を一般に「青年将校」と呼んでいるのです。

ここで、軍という組織、特に陸軍組織について若干補足をしておきます。

日本軍では、少尉以上の士官を「将校」と通称します。英語では将校も士官も Officer ですが、日本軍では、「兵科」に属し、戦闘を担当する「少尉」以上の軍人を「士官」と称し、各部、各科の軍人を「将校相当官」といいます（経理とか衛生を担当する組織を、陸軍では「部」、海軍では「科」と呼称しました）。但し、陸軍では、二・二六事件の翌年（昭和十二年二月）に「各部将校相当官」を「各部将校」と改称しています（海軍は敗戦・解体まで改称せず）。

将校と士官には、厳密にはこのような細かい違いがありましたが、ほぼ同義として使用されていたと考えて差し支えありません。即ち、階級で少尉以上の者を「将校」と理解して差し支えないということです。

因《ちな》みに、将校以下の階級の者を「下士官」「兵」と呼称しますが、「上級曹長」「曹長」「軍曹」「伍長」が下士官に当たります。そして、「兵」は、「兵長」「上等兵」「一等兵」「二等兵」（陸軍）に分けられていました。

決定的なことは、将校と下士官以下では軍人となる経路が全く異なること、将校は「指揮・命令」を担当する立場であり、下士官以下は「指揮・命令」を受ける者であったということです。

私事で恐縮ですが、満州事変で召集されて出征した私の父は、前線で重機関銃の射手を務めた伍長でした。

将校の場合は、陸軍なら「陸軍士官学校」（陸士）、海軍は「海軍兵学校」を出ていることが必須です。

なお、上級大将、大将、中将、少将、准将を「将官」クラス、代将、上級大佐、大佐、中佐、少佐を「佐官」クラス、上級大尉、大尉、中尉、少尉を「尉官」クラスと総称することがあります。

二・二六事件では、若い尉官クラスの将校たちが、１４８３名の下士官・兵を動かしたのです。

兵を動かすということについては、軍隊における「命令と服従」という絶対的な規律を理解しておく必要があります。

「命令と服従」ということを、単に現代的な感覚で、例えば「人間性を無視した、軍隊特有の強権的なルール・慣習」などという風に考えると、二・二六事件において１５００名近くの所謂《いわゆる》兵隊が将校の指揮によって政府要人を襲撃・殺害したり、新聞社を占拠したりするために出動した実態としての理由が分からなくなるはずです。

明治五（１８７２）年、明治新政府の兵部省が「陸軍読法」を布告しました。これは、全八条という簡潔なものですが、その第三条は以下の通り述べています。

「長上の命令は其の事の如何を問はず直ちに之に服従し抗抵干犯の所為あるべからざるのこと」

つまり、上官の命令はその内容がどうあれ、それに従わなければならないというのです。

二・二六事件の60年以上昔の掟に過ぎないとみるのが普通かも知れませんが、実は二・

二六事件で出動した初年兵が、事後の取調べの際、この「読法」に触れている記録が存在するのです。即ち、単に昔の掟では済まされないのです。何と、明治五年の「読法」が二・二六事件の時代にも生きていたといえるのです。

明治十一（１８７８）年、陸軍卿山縣有朋（長州）が「軍人訓誡」を自ら起草し、陸軍軍人に配布しました。その中で山縣は、「軍人の精神は何を以て之を維持すると言はば忠実勇敢服従の三約束に過ぎず、軍人の精神を維持する三大元行なり」といい切っています。「陸軍読法」から「軍人訓誡」へと繋がる精神が、明治十五（１８８２）年一月に天皇から下賜されたという形を採った「軍人勅諭」として結実するわけです。これは、正式には「陸海軍軍人ニ賜ハリタル勅諭」といいますが、一般には「軍人勅諭」、軍では単に「勅諭」といって、帝国陸海軍軍人の〝聖典〟として君臨することになるのです。

これは、その名の通り、「神」である天皇が直接軍人に下されたものであり、忠節、礼儀、武勇、信義、質素の五箇条の完璧な実践を求めていますが、特に昭和になってからは、軍人は勅諭の全文を一言一句、完璧に心と身体に染み込ませるものとされたのです。私の父も、軍人勅諭と教育勅語を戦後になっても完璧に暗唱していました。

無理もありません。勅諭の中で天皇は言明しています。

「朕《ちん》ハ汝等軍人ノ大元帥ナルゾ」

「上官ノ命ヲ承ルコト　実ハ直ニ朕ガ命ヲ承ル義ナリト心得ヨ」

上官の命令は、大元帥である自分の命令であると天皇が直接一軍人に語りかけているのです。

私の父は無学な人間でしたが、不思議なことに決して天皇絶対主義者ではありませんでした。その父が、建て前とはいえ日本が独立して後、昭和も三十年代になったというのに、肉の剝がれた醜い身体でこの時だけはシャキッと正座して、私や家族に聞かせるという風でもなく空に向かって、よく軍人勅諭と教育勅語を唱えていました。身体中のあちこちの肉は剝がれていても、勅諭だけは骨まで染みついていたのでしょう。

父のことはさておき、有名なエピソードがあります。

陸士第48期、和歌山歩兵第61連隊後宮少尉、22歳。彼はある日、「～訓に遵《したが》ひて」というべきところを「～訓を守り」と誤って奉読してしまいました。彼は、これを悔い、「御詫状」を残して拳銃で自決したのです。昭和十一年十二月のことでした。勅諭の一節を誤ることは、若い将校が一命を以て詫びるべきほどの重大な失態であったのです。

下士官・兵に軍人精神を叩き込むことを目的としたものに、この勅諭以外に「軍隊内務書」という規則集があります。これはもともと、明治二十一（1888）年に陸軍大臣大山巌《いわお》（薩摩）が作ったものですが、その一節に曰く、

「～服従ハ軍紀ヲ維持スルノ要道タリ故ニ至誠上官ニ其ノ命令ハ絶対ニ之ヲ励行シ習性ト成ルニ至ラシメルヲ要ス」

実際の戦闘において、指揮官は誰かと相談している時間はなく、部下の都合や事情を聞くこともできません。全軍を俯瞰《ふかん》し、その勝利や生存のために時に一つの小隊を犠牲にする命令を発する必要もあるのです。「敵を圧倒殲滅《せんめつ》して迅速に勝利を収めること」…これが軍隊、軍人の本旨であって、この使命を全うするために命令には「絶対服従」なのです。

二・二六事件において、何故1500名近くの下士官・兵が反乱に加わったのか。それを理解するには、軍における「命令と服従」がどのようなもので、どういう年月を経て徹底されてきたかを知る必要があるのです。

さて、事件のあらましですが、陸軍皇道派の影響を受けた一部青年将校らが、天皇側近や政財界の腐敗を憂い、これが経済不況や農村窮乏の原因であると考え、元老重臣を殺害・排除すれば天皇親政が回復するとして、かねてより掲げている「昭和維新尊皇斬奸」を合言葉に、指揮下の下士官・兵を率いて昭和十一（1936）年二月二十六日未明に決

起しました。

しかし、青年将校たちは彼らのいう奸臣を殺害・排除した後、どういう政治体制を創るのかなどについて確たるデザインを何も描いていませんでした。それを考えることは天皇の大権を犯すことになるというのです（大権私議）。つまり、平たくいえば、奸臣を排除して天皇親政を実現すれば、あとは天皇が親しく統治して、国家と民を良きように導いてくれるはずであるという、極めて教条的で、幼稚かつ無責任な思考しかもっていなかったといえるのです。五・一五事件の海軍将校たちも同じでしたが、こういう面が天皇原理主義に侵された青年将校たちの致命的な欠陥です。

このような教条的な天皇原理主義の国粋将校たちが命令を発し、出動した部隊は、

・歩兵第１連隊（第１師団　歩兵第１旅団）
・歩兵第３連隊（第１師団　歩兵第２旅団）
・近衛歩兵第３連隊（近衛歩兵第２師団　近衛歩兵第２旅団）
・野戦重砲兵第７連隊（第１師団　野戦重砲兵第３旅団）

などでしたが、これらの部隊には当然指揮する将校よりはるかに年配の兵がたくさん配属されていたことはいうまでもありません。軍隊においては、少尉以上の士官と下士官（指揮する者（命令を発する者）と指揮される者（命令を受ける者））との間には明確な境界線が存在し、両者は「命令と服従」という厳格な軍紀によって明確に分かれていたのです。下士官である軍曹が戦功を挙げ、或いは試験に合格して少尉に昇格するなどということは原則としてはないということです。

そもそも彼らは、何故この日に決起したのでしょうか。

決起将校たちが動かした部隊は、右に示した通り、第1師団に属する部隊が中心です。当時、陸軍中枢部は、支那北部への侵攻（実態は「侵略」）を企図していました。これを遂行するために第1師団が満州へ派遣されることが内定したとの噂が流れ、彼らはこれを陸軍中枢部による「昭和維新」の阻止行動と受け止めたようなのです。

決起を企てるほどの将校とは、是非を別にして勇敢であり、もとより有能な指揮官です。満州へ派遣されれば戦死する可能性が高いと、彼ら自身が考えたのです。そこで、満州移駐の前に決行するとしてこのタイミングとなったようです。

彼らが、我が身の戦死の確率が高いと考えたことは、決して勝手な思い込みではありません。

陸軍の戦闘単位は、兵科によって異なる部分もありますが、一般的には、軍―師団―旅団―連隊―大隊―中隊―小隊という単位に細分化していき、編成されます。この中で実際の戦闘において特に重要な単位が中隊なのです。

集団で戦闘に臨む場合、戦闘員は指揮官の声が届く範囲にいることが必要となります。これが、もともとの中隊の姿なのです。これを兵の数でいいますと、大体200名程度となります。この人数の集団なら、指揮官の肉声指揮によって戦闘が可能でした。

ところが、砲が登場すると歩兵集団の散兵化が進み、戦闘単位は細分化していったのです。そして、中隊を構成する兵員は、100～150名が標準となっていきました。

明治二十三（1890）年に定められた「陸軍定員令」によりますと、歩兵中隊の平時の定員は136名となっており、その内訳は以下の通りです。

・将校

大尉　1名（中隊長）

中尉　2名

少尉	2名
・下士官	
曹長	1名
一等軍曹	5名
二等軍曹	4名
・兵卒	
上等兵	16名
一等兵	36名
二等兵	68名
・看護手	1名

この編成が、大東亜戦争まで続くことになります。

つまり、尉官クラスのトップである大尉が一隊の指揮官になれるのは中隊であり、言い方を変えますと、尉官クラスが兵を指揮して戦闘を遂行する単位は中隊以下なのです。

そして、重要なことは、戦場において具体的な戦術の指揮権をもつのは中隊長であるという点です。最前線にあって、ここは前進する、一旦後退する、中隊全軍で突貫攻撃を敢行するなど、戦闘のまさに最前線の局面における指揮は、中隊長の判断で行われるのです。

更に、戦記物などでは日本兵は勇猛果敢と相場が決まっていますが、満州の最前線における日本兵の実態を父から詳細に聞きつつ育った者として、私は多くの著名な戦記に違和感を抱いています。

どの国の兵でも、最前線で敵と殺し合う中隊・小隊の兵で恐怖心を抱かない者はいないと断言しても間違いはありません。殺さなければ殺される…戦後15年経っても、満州事変から30年経ってからも、父は、一本指のない掌《て》に載せた帝国陸軍兵士としては最高の栄誉である金鵄勲章を凝視《みつ》めながら、いつも呟いていました。「殺さんと殺される」と…。

戦争の最前線とは、恐怖心と恐怖心のぶつかるところであって、恐怖心の強い方が相手にとってはより巨大な恐怖となり得るのです。

こういう現場では、日本軍の中隊では、中隊長自らが抜刀して先頭に立って号令しないと兵は突撃しないことが多いのです。ただ「突撃！」と叫ぶだけでは兵は動かない。自ら抜刀して「続け〜！」と先頭を駆けて突撃しないと兵は動かないことが多いのです。

その結果、帝国陸軍では中隊長の戦死率が異常に高いという結果が残りました。このことは、司馬遼太郎氏も気づいて、何かの書き物で指摘しています。

つまり、ずいぶんと回り道をしましたが、二・二六事件の決起将校たちは尉官クラスです。北支で中国との開戦必至とみられていた時期に第１師団が満州移駐となれば、自分たちは戦死する可能性が高く、二度と内地に戻れない…彼らがこう考えたことは極めて現実的な思いであったということなのです。

決起については、北一輝も西田税も慎重論を唱えていました。首魁の一人安藤大尉自身にも時期については迷いがあったようですが、やはり「第１師団満州移駐」…これが決定的なきっかけになったのです。

二月二十六日の決起部隊の動きは、次の通りです。

・栗原中尉、対馬中尉、竹島中尉以下兵３００、首相官邸を襲撃
松尾秘書官（岡田首相と誤認され）即死、警察官４名即死
・中橋中尉、中島中尉以下兵１００、大蔵大臣私邸を襲撃
高橋是清大蔵大臣即死、警察官１名負傷
・栗原中尉、田中中尉、中橋中尉以下兵60、東京朝日新聞社を襲撃、占拠

損害軽微

・坂井中尉以下兵１５０、内大臣私邸を襲撃
斎藤実《まこと》内大臣即死、民間人１名負傷

・安田少尉、高橋少尉以下兵30、教育総監私邸を襲撃
渡辺錠太郎教育総監即死

・安藤大尉以下兵１５０、侍従長官邸を襲撃
鈴木貫太郎侍従長負傷、警察官２名負傷

・香田大尉以下兵１５０、陸軍大臣官邸を襲撃
人的被害なし

・香田大尉以下兵１５０、引き続き陸軍省と参謀本部を襲撃
片倉衷《ただし》歩兵少佐負傷

・野中大尉以下兵４００、警視庁を襲撃、占拠
人的被害なし

・鈴木少尉以下兵60、内務大臣官邸を襲撃
人的被害なし

・河野大尉以下8名、牧野伸顕前内大臣の宿泊する湯河原「光風荘」を襲撃
警察官1名即死、看護婦ら3名負傷、河野自身と宮田曹長も負傷（後日、河野は自決）

その他、日本電報通信社、報知新聞社、東京日日新聞社、国民新聞社、時事新報社が襲撃を受け、占拠されましたが、それぞれ人的被害はありませんでした。

それにしても、内閣総理大臣と誤認された総理秘書官（陸軍大佐）、大蔵大臣、内大臣、陸軍大将教育総監といった政府・軍要人、及びその警護に当たっていた警察官が殺害されたという事実は重大です。

更に重大なことは、彼らの決起は事前にある程度広範囲に想定されていたこと、陸軍中枢部は決起に一定の理解を示していたことです。

決定的な事実を指摘しておきましょう。

青年将校が決起した二十六日午後、軍事参議官（朝香宮、梨本宮、東久邇宮を含む）の会議を経て、川島陸軍大臣が告示を発令しています。

曰く、

・決起の趣旨に就いては天聴に達せられあり
・諸子の真意は国体顕現の至情に基づくものと認む

そして、あとは「大御心」に従え、という内容の五カ条から成る告示です。

これでは、決起部隊の将校たちも政官界も、天皇が「昭和維新」の断行を認めてくれたと錯覚するのも無理はありません。戒厳令が施行されたのが27日払暁になってからになってしまった最大の原因は、この告示にあるといってもいいでしょう。

メディアと文部省の教育が創出した「昭和維新」とは、それほど広範囲に浸透していたともいえるのです。

更に、戒厳令1号文書においては、決起部隊のことを「反乱軍」とは位置づけず、まだ「二十六日朝来出動セル部隊」などと呼称しているのです。この時点で、この決起は軍事クーデターとして成功し、軍事政権誕生が濃厚となった瞬間でした。

これを防いだものは何であったのでしょうか。

それは、昭和天皇の怒りです。

決起部隊が「神」と仰ぐ天皇その人の怒りが、この暴挙を阻止したのです。

昭和天皇は、首相官邸襲撃の第一報を受けたその瞬間に「賊軍」という表現を使ったとされています。つまり、青年将校のカルト的思想ともいえる「昭和維新　尊皇斬奸」というキャッチフレーズに惑わされることなく、決起の瞬間に「賊軍」という、いわば論理的判断を下したことになるのです。

社会全体が理性を失いつつある状況にあって、これは決定的なことでした。

明治維新勢力は、天皇を冷徹に道具として利用しました。これに対して昭和維新勢力は、天皇に訴え、頼ろうとしました。四日間で鎮圧されることになる二・二六事件は、どこまでも「反乱」であるとして鎮圧を主導したのは、天皇その人であったのです。

近代日本に突如登場した政治的存在としての天皇とは、日本人にとってどういう存在であったのでしょうか。このことを整理して理解しない限り、二・二六事件の本質を見誤るでしょう。

二・二六事件というと、直ぐ皇道派と統制派の対立という論が前面に出てきますが、それは背景要因に過ぎません。どちらも天皇絶対主義である点については、同じなのです。

ポイントは、どこまでも天皇という存在と天皇を取り巻く思想なのです。

後章において、天皇という存在そのものを考えてみたいと思います。

第二章

暴走する関東軍

1　無責任な事件収拾と陸軍の政治介入

二・二六事件の成功による軍事政権成立を防いだのは、他ならぬ昭和天皇でした。

これに対して、陸軍中枢の対応はあまりにもお粗末というべきものでしたが、この点に反乱部隊の掲げたスローガンでもある「昭和維新　尊皇討奸」という天皇絶対主義の恐ろしさがあったのです。

決起二日目の二月二十七日午前八時過ぎに、戒厳司令官に三宅坂を占拠している将校たちを速やかに所属部隊の隷下に復帰させよとの奉勅命令が下達《かたつ》されました。この時の戒厳司令官は香椎《かしい》浩平。自他共に認める皇道派の軍人です。

この奉勅命令に対して、何と侍従武官長（本庄繁）までもが、決起した将校たちの精神だけでも認めていただきたいと、昭和天皇に奏上しています。天皇はこれを一蹴し、何度も鎮圧の動きを確認し、本庄侍従武官長はこの日だけでも13回も拝謁したという記録が残っています。

香椎戒厳司令官という人物の言動も、戒厳司令官という立場を考えれば正気の沙汰とは思われません。この司令官は、三日目の二十八日になってもまだ、昭和天皇に昭和維新を断行する意志があるかどうかを問いただそうと主張したり、無血収拾のために昭和維新断行の聖断を仰ぎたいなどといっているのです。

香椎の、天皇の意向を無視したこれらの言動は、杉山参謀次長に強く反対、阻止され、事態は武力鎮圧に向かうのです。

昭和天皇の態度は一貫して変わらず、拝謁した川島陸軍大臣に対して、陸軍が討伐を躊躇《ちゅう》躇《ちょ》するなら自ら近衛師団を率いて反乱部隊の鎮圧に当たるとまで言明したと伝わります。

結局、奉勅命令を反乱軍に下達することは、直接の交渉者小藤大佐の意思によって延び延びになっており、堀第1師団長、香椎司令官もこれを了承していたのです。彼らは、何と奉勅命令を無視したことになります。これは、重大な軍紀違反と断罪すべきでしょう。

奉勅命令が出るのは時間の問題であると反乱軍に伝えたのは、後に仏印に進駐し、「マレーの虎」の異名をとった山下泰文《ともゆき》少将です。これを受けて、反乱将校は、反乱将校の自決、下士官・兵の帰営を提案、そして、自決の場に勅使を派遣することを要求します。これをまた、川島と山下が仲介して本庄侍従武官長が天皇に奏上するという愚を犯します。

天皇親政を目指し、万事「大御心」に沿ってと考える彼らの思想、それに伴う思考は、もはや異常としか思えませんが、これが天皇原理主義者の恐ろしさなのです。その思想は、もはやカルト的であるといってもいいでしょう。

奏上を受けた昭和天皇の回答は、以下の通りとされています。

「自殺スルナラバ勝手ニ為スベク、此ノ如キモノニ勅使ナド以テノ外ナリ」

このひと言に、昭和天皇の怒りがもっとも正直に表現されていると感じます。そして、昭和天皇ただ一人がものごとの「筋道」を理解していたといえるのではないでしょうか。

改めて指摘するまでもなく、内閣総理大臣と誤認された秘書官、大蔵大臣、内大臣、陸軍教育総監、警護の警察官5名が虐殺され、侍従長が重傷を負っているのです。五・一五事件の時は、総理大臣が暗殺されました。

こういうことが、すべて「そっちのけ」になっているのです。陸軍は、身内のこういう犯行に対して全く毅然とした対応がとれていないのです。戒厳令が施行されても、まだ右往左往していたのです。

最終的に、二月二十九日午前五時過ぎ討伐命令、午前八時半に攻撃開始命令が発令され、同時に、ラジオで、あの有名な「勅命が発せられたのである」に始まる勧告が放送され、「勅命下る　軍旗に手向かふな」と記されたアドバルーンも上げられました。

この時点でまだ、堀第1師団長などは涙を流して説得に当たっていたといわれています。

これ以前には、反乱軍が軍事政権の総理に担ごうとした真崎大将も涙を流して説得に当たっています。

即ち、この時点で昭和陸軍という組織には、毅然と組織秩序を守るとか、軍としてのスジを堅持するといった基本が欠落しているのです。こういう陸軍だからこそ、青年将校たちは決起したとも考えられるのです。

決起部隊、つまり、反乱部隊と陸軍首脳たちは、何度も会談をもっています。このこと自体がもはや異常というべきでしょう。歩哨線を越えて行ったり、来たり…他国の軍人からみれば、これは一種の喜劇と映るかも知れません。

説得するに際しても、「維新については俺も同じだ、しかし、私兵を動かしてはいかん」などという言い方が殆どであったようです。本意は理解する、手段だけが間違っているというわけです。

そうなのです、ポイントはやはり「昭和維新」なのです。皇道派であれ、統制派であれ、「大御心を安んじ〜」「維新を断行し〜」といわれると、完璧にこれを否定できないのです。カルト的とさえ映る天皇原理主義思想は、すでにそこまで染み渡っていたとみるべきでしょう。

反乱部隊の青年将校たちが神と崇める当の昭和天皇その人が、初動から事の本質を見誤らず、彼らを逆賊と断じて、一貫して速やかな鎮圧を求めていたことは、狂気に近いメンタリティが軍を支配する中で、一点の「正気」として歴史的にも救われるような気がするのです。

二月二十九日、午後二時までに下士官、兵は、原隊に復帰しました。青年将校たちは、陸軍大臣官邸に集合。陸軍は、将校たちの自決を想定して30以上の棺桶を準備しましたが、野中四郎大尉のみが自決、もっとも強硬であった一人とみられた安藤輝三大尉は自決を図りましたが、失敗。同日、北一輝、西田税も逮捕され、反乱はあっけなく幕を降ろしたのです。

逮捕された将校たちは法廷闘争を決意したのですが、16名が死刑（銃殺刑）に処されました。

死刑となった者の中に、昭和天皇に対して「お恨み申し上げます」という遺書を残した者がいます。彼らは、昭和天皇に直接「昭和維新」の断行を迫り、天皇がそれを理解してくれる、受け容れてくれると信じていたのです。

愚かといえば、あまりにも愚かです。何よりも、稚拙と断じるべきでしょう。このような将校を創った天皇教育にそもそもの原因があることは明白ですが、そのことについては別項を設けて考えることにしましょう。

　そして、決起に失敗して後、法廷闘争へ方針を切り替えましたが、その真意はいうまでもありません。

　彼らは、五・一五事件の時の法廷をよく知っています。五・一五事件の首謀者（首魁）たちと交流をもっていた者もおり、あの異常な法廷も、その時の世論の反応も直接的に知っているのです。五・一五事件の海軍青年将校たち同様、自分たちも「私心」なく、「大御心」を思う「至純の精神」を以て、国民を目覚めさせるために決起したのです。政府首脳を殺害したとはいえ、それは奸臣です。そうそう理不尽な判決が下るわけがない…彼らにこういう〝計算〟が全くなかったといえば、それはウソになります。

　むしろ、五・一五事件の失敗があったから、自分たちは兵を動かして決起を成功させようとした…将校たちだけで決行したから、五・一五事件は失敗したのだ、彼らには、こういう考え方がありました。

　ところが、昭和天皇は、政府首脳が奸臣であるかどうかなどという感情的な評価には一顧だに与えず、事件発生と同時に彼らを「逆賊」と断じました。決起将校たちより、或いは将校たちに同情的な陸軍中枢部よりはるかに論理的であったというべきでしょう。

昭和天皇は、この時点でも明治憲法の良き守護者でした。天皇機関説が問題にされた時も、自分は機関説でよい、と明言されたと伝わります。後世からみれば明治憲法に問題があったとしても、（今でいう）天皇の国事行為は大臣の輔弼《ほひつ》とセットになっていることを、よく認識していたとみられるのです。

青年将校たちは法廷闘争を決意しましたが、陸軍は非公開の軍事裁判で彼らの大部分をあっさりと死刑に処したのです。天皇の意思があまりにも明確になっていたことがもっとも大きな要因でしょうが、おそらく四日間の軍首脳たちの多くの不手際や軍紀違反等々に早く蓋をしてしまいたかったのではないでしょうか。

思いは、意外にも全く通じず、結果は死刑判決…その心情が「お恨み申し上げます」という、天皇を恨むという一文となって、残されたのです。

大体、この事件はおかしな環境の中で発生しています。

彼らがいつか何かをやるのではないか…五・一五事件以来、陸軍中枢部は感じていたのです。単に感じていただけでなく、具体的に懸念をもっていたのです。しかし、荒木大将、真崎大将といった皇道派将官は、将校たちからみれば「理解を示していた」のです。

憲兵隊は、決起を察知していたようです。憲兵隊の将校たちには、「昭和維新」思想は深く浸透しており、この組織は青年将校たちと全く同じといっていいほどの思想集団であったのです。青年将校たちが決起した時、「己を犠牲にして決起した彼らの目的を達してやるのが武士の情けではないか」という主張が支配的となり、この空気は憲兵隊には事件後も色濃く残っていたのです。「武士の情け」などという近代陸軍にあるまじき心情に支配されていた彼らは、自分たちの職務を何と心得ていたのでしょうか。テロに甘いこの体質こそ徹底的に糾弾されるべきものです。

実は、襲撃された岡田首相を救出したのは、麹町憲兵分隊の特高主任小坂曹長ですが、彼はその後も将校たちから、今日でいう、露骨なハラスメントを受けています。

警視庁も、青年将校たちが「不穏な動き」をしていることを数日前から察知していたようです。いや、もっと前、この年一月末から反乱に加わった部隊の夜間演習が急に激しくなったことに気づいており、東京警備司令部に対して、再三取り締まりの強化を要請していたのです。これが無視され、ならばということで、機関銃の装備を検討したのですが、実現しませんでした。決起直前には青年将校たちの動きを察知し、これを斎藤内大臣に通報しましたが、これも無視されました（斎藤内大臣は、襲撃されて即死）。

襲撃され、占拠されてからも、「決死隊」を募って本庁を奪還しようとする動きをみせましたが、特高部長に阻止され、武装解除されたのです。やむなく、最終的には陸軍と憲兵隊に対して自ら鎮圧するよう要求しています。この間、個人的に首相官邸などに走った者がおり、いずれも反乱軍に拘束されています。

警察力と軍事力には、絶対的な差があります。それでも、五・一五事件の際の反省もあったのでしょう、反乱の発生と共に組織として唯一職務として抵抗を企図したのが、警視庁であったのです。

海軍は、独自に明確な動きをみせています。

二十六日、陸軍青年将校が決起すると同時に、彼らを「反軍」と位置づけ、徹底抗戦を発令すると共に、同日中に臨戦態勢に入りました。

具体的には、横須賀鎮守府（米内光政司令長官）の陸戦隊4個大隊を芝浦埠頭に上陸させ、第一艦隊（旗艦長門）を東京湾に集結させたのです。同じように、翌二十七日には第二艦隊が大阪湾に集結しました。

因みに、脱出に成功した岡田首相、殺害された斎藤内大臣、重症を負った鈴木侍従長は、いずれも海軍大将です。

突き詰めて考えるに、この事件は何をもたらしたのでしょうか。

荒木、真崎、阿部、林の4人の陸軍大将は、予備役に編入されました。その他、本庄侍従武官長、川島陸軍大臣、香椎戒厳司令官も皆、予備役に編入されました。そして、これら陸軍上層部にいた者が再び復活して陸軍に影響力を発揮することを防ぐとして、軍部大臣の現役武官制が採られるようになったのです。

では、この事件を発生させ、一時的にせよ陸軍省や参謀本部までを占拠された陸軍全体の責任は誰が負うのか。貴族院ではこのことが問題になりましたが、結局うやむやに終わってしまったのです。

逆に、陸軍はその後、組閣の度に陸軍大臣を推薦しないという方法によって組閣を不可能にし、内閣の命運を握る存在となっていくのです。

「天皇親政」を目指して「尊皇斬奸」をスローガンに、満州派遣前を選んで軍事クーデターを企図して蜂起した青年将校たち。では、その満州は、その時どうなっていたのでしょう。

事件の時、関東軍憲兵隊司令官を務めていた東条英機は、満州の皇道派軍人をさまざまな理由で逮捕、獄に入れ、「これで少し胸がすいた」と語ったと伝わります。

満州こそ、この国を誤るスタートとなった地域であり、この時すでに抜き差しならぬ事態に陥っていたのです。

2　満州事変

時計の針を少し戻す必要があります。

昭和六（１９３１）年九月、満州事変が勃発しました。これが、大東亜戦争（第二次世界大戦太平洋戦線）に直線で繋がる「戦争」であったのです。

補足しておきますと、「事変」とは、宣戦布告なしで行われる国家間の戦争状態のことをいいます。満州事変は、その後支那事変へと拡大していきました。

支那事変は、日中戦争などと表現されますが、それは何も歴史を検証していない近年のことで、正確には日中戦争という名称の戦争は歴史上に存在しません。

ところが、昭和十六（１９４１）年十二月八日に勃発した大東亜戦争の名称について、十二月十日の詔勅では支那事変を含めて「大東亜戦争ト呼称ス」としていますので、公式には支那事変は大東亜戦争の一部となるのです。同時に、これによって支那事変は、通称としてしか存在しないということにもなるのです。

ここで名称にこだわるのは、単に通称か公式名称かということを超えて、歴史的にみて満州事変が明らかに大東亜戦争に繋がっていることを確認しておきたいからです。大東亜戦争の一部である支那事変へと拡大していった満州事変は、明らかに大東亜戦争のスタートであったと位置づけられるのです。

この事変は、一般的には昭和六年九月に勃発し、翌昭和七年二月までの中華民国と日本の軍事衝突とされるのが定説です。中華民国満州を舞台とした紛争であったということだけははっきりしていますが、双方の規模についても諸説あり、明確ではありません。

中華民国（以下中国）との間の紛争といっても、戦っている相手が中国の正規軍なのか、八路軍なのか、それとも匪賊《ひぞく》なのか、前線でもはっきりしないことがあるという、複雑な武力紛争でした。

当時、満州に関しては、実に様々な政治問題、外交問題が複雑に入り組んで山積していました。その数、４００件とカウントする学者もいます。そして、これらの諸問題の解決を目指す関東軍の独断専行を許し、国内の昭和維新運動と相まって我が国を対英米戦争へと導いた、無視できない大陸への武力侵攻なのです。

関東軍とは何でしょうか。

戦争といえば大東亜戦争ばかり、それも「広島・長崎」と「沖縄」だけに視線を遣り、「戦争を語り継ごう」というパターン化したフレーズだけで平和を訴えている心算になっているメディアしか存在しない近年、満州事変すら知らない人が増えていることを考えますと、この関東軍についてひと言触れておいた方がいいでしょう。

関東軍は、帝国陸軍の「総軍」の一つです。

これについても補足しておく必要があるでしょう。

帝国陸軍は、以下の編成で成り立っていました。

総軍	複数の師団以上の部隊から成る	指揮官は大将～元帥	
軍集団	2～4個の軍	大将～元帥	
軍	2～4個の軍団または師団	中将～元帥	兵力5～6万
軍団	2～4個の師団	中将～大将	3万以上
師団	2～4個の旅団または連隊	少将～中将	1～2万
旅団	2～4個の連隊または大隊	大佐～少将	2～5千

連隊	2〜4個の大隊・複数の中隊	中佐〜大佐	500〜5千
大隊	2〜4個の中隊	少佐〜中佐	300〜1千
中隊	3〜4個の小隊	中尉〜少佐	60〜250
小隊	2〜3個の分隊	軍曹〜中尉	30〜60

つまり、関東軍は、最上位に位置する編成単位なのです。

ただ、総軍となったのは昭和十七（１９４２）年十月で、それ以前は「軍」でした。もともとは、南満州鉄道及び関東都督府の守備隊であったのです。

司令部は、当初旅順に置かれましたが、満州国成立以降は満州国の首都新京（現在の長春）に移されました。

そもそも南満州鉄道の守備隊なるものが、何故中国関東州の旅順に存在したのか。

もうお分かりでしょう。

この存在は、日露戦争の結果、生まれたものなのです。

満州事変を知らない人でも、日露戦争は知っているという人は多いと思います。日本は日露戦争に勝利し、ロシアが満州にもっていた権益、関東州と南満州鉄道（満鉄）付属地の租借権を獲得したのです。

尤も、ロシア人は今でも日露戦争で日本に敗れたとは思っていませんが、その問題はここでは措《お》きます。

ここで、関東軍と関東軍が惹き起こした満州事変が、日露戦争と、つまりは明治政権の対外侵攻と、突き詰めれば明治維新と繋がるのです。

更に、前述しました通り、満州事変が大東亜戦争のスタートと位置づけられるとすれば、明治維新という過ちは大東亜戦争まで一本の歴史軸で繋がることになるわけです。

司馬遼太郎氏は、昭和の前期二十年を「民族の歴史として連続性をもたない時代」として日本史の歴史軸から遮断しましたが、この表面的な事象をなぞってみるだけでもその認識の誤りは明白です。

１９９１年から２０００年まで国際連合難民高等弁務官を務めた緒方貞子氏に、『満州事変　政策の形成過程』（岩波書店）という優れた著作があります。これは、昭和四十一（１９６６）年に原書房から出版された同名の著作の復刊ですが、元は、氏がカリフォルニア大学バークレー校でロバート・スカラピノ博士（日本政治研究家）の助手を務めながら書き上げた博士論文です。

その中で緒方氏は、次のことを指摘しています。

・日本の満州発展は、日露戦争の遺産である。

・そもそも大陸で事ある度に日本の出兵を主張する傾向は、常に軍においてみられたものであり、また政友会のしばしば支持したところでもあった。長州出身の陸軍大将、政友会総裁田中義一が総理大臣に就任するにおよび、この軍事手段行使の伝統は一段と脚光を浴びるに至った。

・歴史的にみれば、満州事変はアジア大陸に向って絶えず進出しようとした日本の膨張政策の顕著な一例であった。

ご存じの通り、緒方氏の曽祖父は、五・一五事件で暗殺された総理大臣犬養毅であり、祖父は犬養内閣の外務大臣芳澤謙吉です。緒方氏は、執筆に当たって芳澤謙吉自身に取材を行い、証言を得ているのです。

右の指摘は、すべて頷けるものですが、つけ加えておきたいことは、大陸進出をはじめとして日本の対外進出を強く主張したルーツともいうべき存在が長州の吉田松陰であったという事実です。緒方氏が田中義一を形容してわざわざ「長州出身の〜」と表現したのは、この事実も意識したものであったかも知れません。

満州事変における個々の軍事衝突については、ここでは触れる紙幅がありません。細かい衝突は、それほど多くありました。

何度か触れましたが、この事変に従軍した父をもつ私としては、細部に渉る戦闘の実態を無視するものではありませんが、やはり、この事変について絶対に欠かせない重要な史実は、関東軍が一貫して独断専行を繰り返したという一点でしょう。

昭和三（1928）年六月四日、関東軍は地元軍閥のリーダーともいうべき張作霖《ちょうさくりん》を殺害しました。彼の乗っている列車を爆破して、列車ごと爆殺するという乱暴な手口ですが、ここでも「困った時はテロ」なのです。明治維新以降の権力サイドの人間、そう自負している人間の常套《じょうとう》手段です。

張作霖は、もともと親日派軍閥でしたが、排日運動の高まりに伴って日本と距離を取り始め、欧米資本の支援を受けて満鉄に並行する鉄道の建設を始めたのです。目的は、満鉄に経営的な打撃を与えることです。これが、爆殺するという犯行の動機でした。

このテロを主導したのは誰か。関東軍がやったことは、現地では子供でも分かる話ですが、関東軍の誰がやったのか。

私たち戦後日本人は、権利を主張するにも、逆に、義務を負ったり、責任を追及するにも個人を浮き彫りにすることを根拠なく嫌います。しかし、組織内個人であったとしても、国際法の上で、或いは人道上許されない行為があった場合、個人の責任は追及されるべきものです。今では、誹謗《ひぼう》中傷と正当な責任追及を混同さえしてしまっているのではないでしょうか。歴史の検証ということを意識すればするほど、公人の明白な暗殺行為については、はっきりさせるべきことははっきり示すべきでしょう。

首謀者は、関東軍高級参謀・第一課長河本大作大佐です。彼は、予備役に回されるだけの軽い処分を受けただけでした。これは単なる人事であって、責任を追及されたというレベルのもの、つまり「処分」とはいえません。関東軍にしてみれば、避難させた程度の感覚であったと思います。

処分のこともさることながら、私は日本人がこの犯罪人の名前すら全く知らないことに愕然とするのです。

現地の日本人新聞記者たちも関東軍の仕業であると認識していましたが、内地の新聞では国民党軍（蔣介石軍）のスパイの犯行ではないかという報道がなされています。これは本社の陸軍に対する「忖度《そんたく》」なのか、記者たちの関東軍に対する忖度であったのか、どちらにしても、ここでもメディアはその役割を放棄しているのです。

当の河本自身が「張作霖の一人や二人ぐらい、野垂れ死にしても差し支えないじゃないか。今度という今度はぜひやるよ。僕は唯唯満蒙に血の雨を降らすことのみが希望だ」という記録を残しています。その後河本は、満鉄の理事や満州炭鉱の理事長を務めているのです。

「満蒙に血の雨を降らすことのみが希望」…こういう人物が高級参謀を務めていたのが関東軍であり、こういう人物が大東亜戦争のスタートを創り上げたことを、私たちは、まずは「知る」べきではないでしょうか。

しかし、昭和天皇は、田中義一首相のうやむやな奏上に怒りました。この怒りが、翌年の田中内閣の崩壊に繋がります。

昭和天皇の怒りと共に、もう一人名前を挙げておくべき人物がいます。

それは、河本を厳罰に処すべきであると一貫して主張し続けた松井石根《いわね》陸軍大将です。彼は、徹底した日中提携論者でしたが、占領軍に「南京虐殺事件」の首謀者と決めつけられ、B級戦犯として東京裁判で死刑判決を受けました。

テロの実行者が社会的栄達を遂げ、帝国陸軍では数少ない「誇るべき軍人」が戦争犯罪人として処刑される…私は、東京裁判というものを正当な裁判であるなどと思ったことは全くありませんが、ここに述べた史実を単なる悲劇であるとか、運命であるなどとは考えません。すべては、検証されるべき対象であると考えています。

張作霖の勢力は息子の張学良が引き継ぎますが、彼は蔣介石の国民政府（南京）へ合流しました。即ち、満州の外交権は南京政府外交部へ移ったのです。そして、張学良は新しい鉄道路線を建設し、満鉄に経営的な圧迫を加えてきたのです。

これによって満鉄は打撃を受けます。昭和五（１９３０）年以降赤字に陥り、社員三千人を解雇するだけにとどまらず、社員給与はいうに及ばず、数々のコスト削減を実施せざるを得ない状況に陥り、鉄道会社としてはあり得ないことですが、枕木の補修も停止したといわれています。

日露戦争後に締結された「日清善後条約」によって、満州では多くの日本人、朝鮮人が鉱業、林業をはじめ商業にも携わり、満鉄付属地外でも営業を許されていましたが、一方的な許可取り消しが頻発し、日本人、朝鮮人に土地を売ったり、貸したりした者は「国土盗売者」として処罰されるという事態となり、警察による営業妨害行為も重なり、日本人企業、朝鮮人企業には経営不振が続出しました。

奉天総領事は遼寧省政府に抗議し、交渉しようとしても「外交窓口は南京政府」を盾にされ、事態の解決は全く進まなくなったのです。

この頃から関東軍は、本国政府に諮ることもせず、武力によって満州を分離独立させる準備に入ります。

蛇足ながら、既に日韓併合は成立しており（明治四十三年　１９１０年）、満蒙問題を考える時はこのことも念頭に置いておく必要があるでしょう。アメリカ大統領ルーズベルトは、日露戦争後のポーツマス講和条約締結交渉の時点で日本側全権小村寿太郎に内諾を与えており、日韓併合もまた実質的には日露戦争によって日本が得た権益であったといえるのです。

陸軍中枢では、昭和二（１９２７）年に結成された「双葉会」の永田鉄山たちが「総動員体制の確立」「満蒙問題の早期解決」を掲げていました。また、同年十一月に結成された参謀本部鈴木貞一らの「木曜会」は、「帝国自存のための満蒙における完全な政治権力の確立」を目指していたのです。

昭和四年五月、両者が合流して「一夕会」を結成、「満州問題の武力解決」を決議しています。満州事変直前には、この「一夕会」のメンバーが陸軍中枢の重要な実務ポストを殆ど独占するに至っていたのです。

一方、石原莞爾中佐が昭和三年十月に関東軍作戦主任参謀に就任、翌昭和四年五月には板垣征四郎大佐も、河本大作の後任として関東軍高級参謀に就任しました。両者は、昭和六（１９３１）年六月には全満州の占領計画策定を本格化し、九月実行を目指していたとされています。

石原・板垣の九月決行計画は、事実でした。

昭和六年九月十八日深夜、三年前に張作霖が爆殺された現場から二、三キロという柳条湖付近の南満州鉄道線路上で線路の爆破が発生しました。この爆発そのものは小さな規模のものでしたが、関東軍はこれを、張学良（張作霖の息子）軍による破壊工作と発表し、直ちに軍事行動を開始したのです。

戦後のＧＨＱによる調査で、この事件が石原・板垣によって実行されたことが明らかになっています。

なお、事件発生時の関東軍司令官は本庄繁、陸軍大臣は南次郎です。

軍事課は、永田鉄山が主導して「中央から関東軍の行動を拘束しない」という「時局対策」を策定、何とこれを陸軍三長官（南陸相、金谷参謀総長、武藤教育総監）は承認したのです。出先の軍の行動を拘束しないとする軍中枢など、一体世界のどの国に存在したでしょうか。

中華民国は、本件を国際連盟に提訴。前章で述べました通り、最終的に大日本帝国は、「徳川近代」政権が開拓した国際協調路線を自ら破棄するに至るのです。

3　豹変する新聞メディア

ここで、時の流れを整理しておきましょう。

満州事変に関しては、国際連盟が昭和七（1932）年リットン調査団を派遣し、調査団は「リットン報告書」と通称される報告書を連盟に提出します。これを受けた連盟の日本に対する勧告案が採択され、昭和八年三月二十七日、日本は正式に国際連盟脱退を通告します。全権松岡洋右が国際連盟総会で脱退演説を行ったのは、三月二十四日でした。

なお、脱退が正式に発効したのは、二年後の昭和十年三月二十七日となります。

ポイントは、国際社会が満州国の存続を認めなかったという点です。

この頃、日本軍は熱河作戦を展開中でした。

これについて昭和天皇は、長城線（万里の長城）を超えて南下することを固く禁じていましたが、昭和八年五月三日、関東軍武藤信義司令官は南下を命じています。

これはどういうことなのでしょうか。

口を開けば、「万世一系の～」とか「畏れ多くも～」などと大声を張り上げ、「～以て大御心を安んじ奉る」などといきり立っていながら、現実には天皇の心情（大御心）など平然と無視しているのです。

この時期、国内では昭和維新の嵐が吹き荒れていたことは既に述べた通りです。青年将校たちも陸軍中枢の軍人たちも、「尊皇攘夷」「尊皇斬奸」の旗印の下、「明治維新のやり直し」を唱えていたのです。

二・二六事件では、「皇軍相討つという事態だけは避けねばならん」という綺麗ごとが幅を利かせて、たかだか千五百名規模の反乱鎮圧に四日間も費やしているのです。純軍事的にみれば、これは軍の能力がかなり低いことを示すものとしかいえません。

命令しても実際には従わない、そのくせ表面だけは「大御心」を連発し、「永遠なる皇統の～」だとか「皇国の人心を～」などと仰々しい言葉で、恭しく振舞う…昭和天皇の心情は如何ばかりであったでしょうか。

繰り返しますが、これは一体どういうことなのでしょうか。

本書の目的は、このテーマに切り込むことにあります。明治から今日に至る「近代日本」の不幸は、国民が天皇をどう位置づけたか、どういう天皇像を創り上げたかというこの点に集約されるといっても過言ではありません。

視点を変えましょう。

満州事変直前の新聞メディアのあり様と、満州事変そのものと新聞メディアの関係をみておきたいのです。天皇をどう位置づけたかという問題と無関係のように映るかも知れませんが、逆に、神性天皇の正体を示唆することになるかも知れません。

大正末期から昭和初期は、大雑把な言い方になりますが、世界的に軍縮期に当たります。経済的な要因だけでなく、第一次世界大戦後の厭戦《えんせん》気分も影響していたことでしょう。

海軍の軍縮には、ワシントン軍縮会議（大正十〜十一年　1921〜22）、ロンドン軍縮会議（昭和五年　1930）、第二次ロンドン軍縮会議（昭和十年　1935）という流れがあります。各国とも軍備拡大には余力のない時代であったといってもいいでしょう。五・一五事件の青年将校たちには、この海軍軍縮の結果に対する不満・反撥もありました。

陸軍も例外ではありません。陸軍の軍縮は、国内では「軍制改革」という名で展開されました。「山梨軍縮」（大正十一年、十二年）、「宇垣軍縮」（大正十四年　1925）といわれるものがそれです。

それぞれ閣僚の名前で呼ばれていたもので、前者は加藤友三郎内閣の山梨陸軍大臣、後者は加藤高明内閣の宇垣陸軍大臣が主導したものです。勿論、これは当人たちが発想したものではなく、国際環境を反映した国家的な政治課題であり、二人の陸軍大臣はその担当大臣であったわけです。

財政改革といえば、平たく表現すれば国や組織の支出を抑えることが主眼となります。つまり、一般的に改革とは圧縮、緊縮を意味することが殆どなのです。

軍縮は、その典型でもあるのです。当時21個師団編成であった中で4個師団が廃止されました。先に陸軍の編成を一覧しましたが、中隊や大隊の廃止ではありません。連隊の廃止でもなく、師団を4つ廃止したのです。この影響は大きなものがありました。

陸軍幼年学校も2校が廃止されました。

多くの軍人、兵隊がクビになりました。その数、二つの軍縮で約十万人といわれます。

将校だけでも、３４００名に上りました。

これほどの規模になりますと、彼らの再就職は社会問題となったのです。

そして、将校でもクビになるということで、士官学校などへの志願者が激減しました。

つまり、職業軍人の社会的価値が一気に低下したのです。先に、「軍人の価値が低下した時代」と表現したのは、このことなのです。

但し、軍人の価値の低下という現象のみについていえば、それは軍縮だけでなく、当時の時代背景として無視できない大正デモクラシーの影響もあったはずです。「大正デモクラシー」という表現は、戦後の昭和三十年代に普及したものですが、「デモクラシー」という言葉は、大正年間、特にその後半に流行しました。

いずれにしても、軍人の価値が低下したことによって、人びとの身近にいろいろな現象が起きました。

失職した軍人に対する市民の目は冷淡なもので、いい気味だと思っている者もいたようです。親が子供を叱る時、「いうことを聞かぬなら軍人にするぞ」といって叱責したという話もあります。停車場近くで俥を呼んだら、「歩いたらいいでしょう」と断られた軍人もいました。

もっと深刻な例があります。

結婚の約束を反故《ほご》にされた若い将校が、たくさん出てきたのです。そもそも結婚相手として、軍人がモテなくなったのです。現代でもかつて「三高」という言葉が流行ったように、女性は我が身のことはさておき、結婚相手にはシビアな条件を設定するものです。こういうことは、今も昔も変わらないようです。

戦後長い間、自衛隊は憲法違反であるという考え方が根強く存在し、自衛隊員の肩身が狭かった時代にも同じようなことがありました。自衛隊員と国際結婚したチリ出身の女性が、日本では何故軍人が軽蔑されるのか、どこの国でも軍人とは尊敬されるべき存在ではないかと怒って、新聞に投書したことがあります。

また、それまではヤクザ・博徒も軍人には一目置いたものでしたが、この頃はヤクザの方から軍人とみると喧嘩を吹っかけてきたといわれます。優劣、上位下位の逆転が、様々な形で表面化したというわけです。

更に、これは海軍将校の事例ですが、バスの乗降の際に何かトラブルがあったようなのですが、市民が大勢で一人の海軍将校を〝ボコボコ〟にしたというエピソードまで残っています。

そうなりますと、肩身の狭くなった軍人は、軍人であることを隠そうとしたり、目立たなくしようと策を講じるようになります。

海軍将校は、夏は白、冬は黒の、あの凛々《りり》しい制服を役所に置いておき、通勤の際は背広か詰襟にしたというのです。ここまでくると、涙ぐましい努力などとはいっていられない問題であり、軍隊の士気に影響する由々しき問題となっていたのです。

青年将校だけでなく、佐官クラスの壮年将校までもが夏になると官報を手にして不安な毎日を送っていました。夏は陸軍の定期人事異動の季節なのです。

この背景には、メディアの存在があります。

軍縮とは、軍においては「軍制改革」でしたが、政治全般を視野に入れて表現すれば「行財政改革」と捉えることができます。新聞メディアは、この観点から軍部攻撃を繰り返しました。特に激しかったのは、『朝日新聞』でした。

それは、社説などの記事の上だけではなかったのです。

筒井清忠氏も著書『戦前日本のポピュリズム』(中公新書)で紹介していますが、割と知られた朝日と陸軍の対立の逸話があります。

昭和六（１９３１）年五月、新聞界初の座談会と銘打って『朝日』が民政党の公約である行財政改革について「行財政整理座談会」を行い、これを22回に亘って連載しました。22回という回数を考えれば、かなり力の入ったキャンペーンであったといえるでしょう。具体的なテーマは、各省の統廃合、財政整理問題、陸海軍の軍制改革ですが、当然、中心は予算規模も大きい軍政改革となりました。それも、憲兵の廃止、大臣武官制の廃止から国防目標の再検討にまで踏み込んでいますから、かじ取りさえ誤らなければ、ジャーナリズムの真価を発揮する座談会であったはずです。

ところが、各界から人を集めて、と謳いながら、実に奇妙なことに朝日は肝心の陸軍を座談会に招いていなかったのです。陸軍の軍制改革も陸軍抜きで討論されているのです。

さすがに陸軍は、欠席裁判だといって激怒します。連載初日、陸軍省新聞班の樋口中佐が、陸軍省の馬場で乗馬練習をしていた、座談会を司会した朝日の緒方編集局長を見つけて猛烈な抗議を行ったのです。その場は仲裁が入ったのですが、逆に緒方編集長は治まらず、その夜、陸軍大臣官邸に抗議に押し掛けました。「文句があるなら陸軍大臣が続きの座談会に出てきて矢面に立て」というのです。

時の陸軍大臣は南次郎ですが、まだ就任したばかり。編集長緒方は、南がまだ予算のことなど分かっていないことを見透かしていたものと思われます。

当時の新聞メディアは、軍に対してそれほど強かったのです。朝日の場合は、単に強かったというより、傲慢であったといった方が当たっているかも知れません。「傲慢」は、朝日の伝統的な社風といっていいでしょう。

私が大学を出て入社した広告会社の代表取締役社長は、代々朝日新聞社からの「天下り」でした。朝日新聞の県版を中心として、その集広の面倒をみてあげないと彼らは生きられないはずなのに、会社は資本関係もないのに社長ポストを彼らの「天下り先」の一つとして用意していたのです。新入社員は皆、朝日新聞社のすべての部署を見学することになっていました。そういう新聞社の社風、気風は、肌身に染みて知っており、彼らの辞書にない言葉は「傲慢」だけではありません。もう一つは「反省」です。

朝日には、他にも陸軍を標的にする論客がいました。高原操です。彼も、過激に陸軍を攻撃していたのです。

しかし、陸軍攻撃の論陣を張っていたのは、朝日だけではありません。戦後、内閣総理大臣を務めた石橋湛山《たんざん》の東洋経済新報も同じでした。タイトルだけをみても、「軍閥と血戦の覚悟」などと、石橋も激しいところがありました。

ところが、石橋と朝日以下には決定的な違いがありました。

それは、一貫性の有無です。ジャーナリストのことですから、信念の有無といってもいいでしょう。

石橋は、権力や権力者、そして、市民に媚びる、迎合する、忖度するということを一貫してやりませんでした。彼は、戦前から一貫して日本の植民地政策を批判し、戦後は日中米ソ平和同盟の実現を主張していたリベラルな、軍人経験、ジャーナリスト経験をもつ政治家で、昭和三十一（1956）年、第55代内閣総理大臣に就任しましたが、病気のため2カ月という短命に終わりました。

しかし、終戦直後にはGHQからもっとも嫌われた左翼ではない政治家であり、総理大臣に確定した時は、岸信介を「予定」していたアメリカ大統領アイゼンハワーを狼狽《ろうばい》させたといわれています。国民からは「心臓大臣」といわれた彼が、もし、例えば安倍晋三氏のような長期政権を維持していれば、我が国は、少なくとも今のような隷属的な国家にはなっていなかったものと思われます。

石橋のことは措くとしても、新聞各紙の陸軍攻撃は読者に結構人気があって、将校たちは益々大手を振って歩けない状況に置かれたということなのです。

ところが、です。昭和六年九月、遂に満州事変勃発。

ここで新聞メディアが豹変するのです。

昨日の陸軍批判はどこへやら、殆どの新聞が戦争支持へと雪崩《なだれ》を打って論調を変えたのです。

その記事タイトルだけをみても、その豹変ぶりが分かります。

・関東軍の行為に「満腔の謝意」（毎日）
・政府の不拡大方針に対して「進退を決せよ」（毎日）
・「強硬あるのみ」（毎日）
・中国の言い分は「盗人たけだけしい」（毎日）
・「守れ満蒙＝帝国の生命線」（毎日）
・「自衛権の行使」（大阪朝日）
・満州に独立国の生れ出ることについては歓迎こそすれ、反対すべき理由はない（大阪朝日）

右の最後の主張は、昨日まで陸軍攻撃の急先鋒の一人であった朝日の高原操によるものです。

唯一人、石橋湛山のみが異なる見解を展開しています。

・満蒙を放棄すればわが国は亡ぶのか。人口増は領土を拡げても解決しないし、鉄・石炭の原料供給基地の確保は平和貿易で目的を達成できるのだから、力ずくの必要はない。満蒙は生命線という主張は、英国が国防上対岸の大陸に領土が必要という主張に似ており、日本海で十分である。（東洋経済新報）

このような提示の仕方をしますと、毎日の論調が際立つようにみえるのですが、実は満州事変は、「毎日新聞後援、関東軍主催　満州事変」といわれていたのです。

前章でも触れましたが、新聞メディアは市民を煽って世論を創り上げ、創り上げた世論に「共鳴」することによって時代の空気を創り上げ、社会を一つの色に染めていったのです。昭和維新というムーブメントも、彼らの作品の一つであったといえるかも知れません。

第三章

神性天皇の時代

1　幕末勤皇論の発生

二・二六事件の裁判記録が少しずつ明らかになりつつありますが、その中に興味ある一件があります。

検事側が被告の将校の一人に対して、青年将校たちは自由主義革命を目指して決起したという趣旨の論告を行った際、その被告将校は、それだけは断じて違うとばかりに、それこそ血相を変えて反論したというのです。

勿論、青年将校たちは、天皇親政を実現させ、「一君万民」の社会を成立させて国家改造を断行することを目指していたのですが、注目すべきことは「自由主義」という言葉や思想に対する反応です。被告将校は、そんな悪事を企んだものではないといわんばかりの反応を示しているのです。

訴追する方も、される方も、それを「悪」として扱っているのです。被告将校にしてみれば、自分たちはそういう「低レベル」の人間ではないという思いもあって、激怒しつつ、必死に反論したのでしょう。

形だけとはいえ今、自由主義を標榜する社会に生きている私たちからすれば、奇異な感じを受ける一コマではないでしょうか。

また、事件の後、岡田内閣は総辞職し、近衛文麿が病気を理由に断ったため、広田弘毅に組閣の大命が下りました。その際、陸軍は陸軍大臣声明を出しています。曰く、

「新内閣は自由主義的色彩を帯びてはならない」

そして、陸相代理として武藤章中佐が組閣本部に乗り込み、排除すべき者として数名の名前を提示したといわれます。広田は、陸軍と交渉するのですが、結局三名を閣僚に指名しないことを誓約してようやく内閣成立にこぎつけました。この三名の中に、吉田茂が含まれていました。

五・一五事件、二・二六事件を、陸軍内の皇道派と統制派の対立という視点で捉えるならば、結局これらのクーデター未遂事件は、統制派による軍部ファシズム体制を強化する結果を招いたのです。つまり、青年将校たちは、「尊皇攘夷」「尊皇斬奸」を唱えるばかりで、却って大東亜戦争を引き寄せたといっていいでしょう。

それにしても、「自由」という言葉が、「尊皇」を唱える立場からは如何に危険視されたか、強く認識しておく必要があります。

しかし、この国で勤皇なり尊皇という考え方や立場が正義でなかった時代は殆どなかっ

たはずです。これを、素直に天皇、皇室を敬う立場だとすれば、私だけでなく、共産主義者を除く殆どの日本人が勤皇家であり、尊皇家であるといえるのではないでしょうか。

ところが、昭和維新勢力にみられるような「天皇原理主義」といってもいい立場からすれば、単に敬うというような生易しい思想では許されず、天皇こそが万物生存の根本であり、親兄弟を殺してでも天皇には忠義を尽くすべきなのです。その点で、これはもはや「カルト思想」の域に達していたといってもいいでしょう。

しかし、大和民族にとって、もともと天皇とはそういう存在ではなかったはずです。では、どういう存在であったかについては紙幅がある限り後で述べたいと思いますが、カルトと呼べるまで濃厚に煮詰めた尊皇思想とは、いつ、どのようにして発生したのでしょうか。

それは、江戸期に明白な形を採るに至ったと断じることができます。

徳川幕府は、朱子学を以て官学としました。朱子学とは何ぞやとなると、これを学問的に正確に説明することは私の手に余りますが、南宋時代に構築された儒教の一体系であることははっきりしています。

日本へは同時代に入宋した真言宗の僧によってもたらされたとするのが定説ですが、普及したのは鎌倉期であり、五山の学僧がその担い手であったとされています。

江戸期に武家の基本理念に通じるものとして朱子学を支えたのが林羅山ですが、五代将軍綱吉の頃がそのピークであったとされます。

この学問は、核心となる教義が実践倫理であり、非常に倫理性が強い点に特徴があります。ただ、学問も時代と共に変質していく部分があり、朱子学は、本家中国でも清代になると、壮大な世界観をもつ理念性より社会的な秩序構築や維持を意識した「礼学」としての部分が強調されるようになりました。我が国の江戸期においても同様であって、多くの学者や作家が朱子学をして現状維持を目的とした学問であるといい切るのも、この点を指しているものだと考えられます。

八代将軍吉宗という人は理念性より具象性、実理性を好んだ人で、学問的には実学を重んじたといわれます。確かに、この頃になると朱子学はそれまでの勢いを失っており、その反動が松平定信による「寛政異学の禁」と呼ばれる学問統制に繋がることになるのです。

朱子学の盛衰もさることながら、ここで大事なことは、朱子学が勢いを失った時期に「古学」が流行り出したことです。この「古学」が、勤皇という意識を学問・思想として普及させた源泉なのです。

学問体系を詳述することが本書の目的ではありませんので、ここでは「古学」と一括りにしますが、この名称は、山鹿素行の「聖学」、荻生徂徠の「古文辞学」、伊藤仁斎の「古義学」の総称として使われることが多いことだけは注意が必要です。いずれも儒教の一派ではありますが、朱子学を否定するという点では共通しているのです。

徳川幕府というのは、何かにつけて〝人のいい〟ところがあり、幕府の官学である朱子学を否定するこれらの学問に殊更強い統制を加えるということも行わなかったのです。

これらは、上方の僧侶や神官が主な担い手となりました。

僧侶や神官という人種は、思考回路が絶対主義的であるといえます。そのように訓練されているといった方が当たっているかも知れません。従って、彼らの言説には迫力があるのです。

尤も、坊主や神主、或いは牧師でも同じですが、その説法というものに迫力がなかったら、それを聞く方も心もとなくなるでしょう。その意味で、僧侶や神官の存在が「古学」の普及に益したといえるのではないでしょうか。

日本史の時代区分には「近世」という区分があります。西洋史は古代—中世—近代という流れで説明できても、日本史はそういかないのです。古代—中世—近世—近代という流れでみないと解釈が難しいのです。

近年、西洋史、世界史の時代区分にも「近世」を設定すべきだという主張が盛んになってきています。何故なら、人類の文明史という観点で私たち人類の足どりを辿ってみると、人類世界は、今進行しているパラダイム・シフトという文明史の巨大な流れに乗って、日本史でいう「近世」に向かっているとしか考えられないからなのです。つまり、海外の多くの歴史家や社会学者、経済学者が、日本の「近世」という時代の特質を理解しないと、人類の未来が描けないと考えるようになってきたのです。このようなスタンスを採る社会学者、経済学者を「ニューパラダイム派」と呼んでいます。

そのことは今は措くとして、この近世という時代が、乱暴にいい切れば江戸期に当たります。

江戸期の社会経済システムの基盤は封建制です。封建制の社会では、基本的に古いものが権威をもちます。そして、政権というものは、本質的に現実主義です。

封建制であったはずの江戸期も中頃に差しかかると、めざましい技術進歩もあって生産力は飛躍的に向上し、もはや現状維持の桎梏《しっこく》から逃れたいと考える層が増え始めました。

この社会層が、徳川将軍家より遥かに古い権威である天皇をもち出して現状に対するアンチテーゼとして描いた復古社会の実現を説く「古学」に惹かれていったということなのです。ただ、僧侶や神官が主たる担い手であったその初期に、この思想が学問と呼べる域に達していたかどうかは極めて疑問です。

これに多少なりとも学問的性格を付与したのが、山崎闇斎《あんさい》であるとされます。もともと針医者の子でしたが、叡山や妙心寺で修業し、還俗《げんぞく》して土佐藩に仕えた時期もあるようです。会津藩藩祖保科正之に招聘《しょうへい》されたことでも知られています。

その思想は、徹底した大儀名分論で、君臣の関係を殊更重視し、神仏習合を排除しました。即ち、神道の色彩が濃厚であり、闇斎の説く神道を「垂加神道《すいかしんとう》」といいます。一般には「垂加流」と呼ばれ、公卿《くぎょう》の世界にも大きな影響を与えたのですが、天皇の血の神性を強調する「神人合一」思想の元祖のような存在で、後のテロリズムや対外膨張主義が証明した通り、尊皇原理主義の始祖といっていいでしょう。つまり、「元和偃武《げんなえんぶ》」という徹底した平和主義を時代のコンセプトとした徳川幕府にとっては極めて危険な思想であったのです。

その後、山崎闇斎の弟子である浅見絅斎《けいさい》をはじめ、若林強斎《きょうさい》、栗山潜鋒、竹内式部、山県大弐《だいに》という人びとが登場し、勤皇思想は次第に狂信的な尊皇原理主義の色彩を帯びていきました。中でももっとも公卿の信奉を集めたのが竹内式部だとされますが、それは式部の説く思想が余りにも強烈で、口を挟むこともできないほどの絶対的な天皇至上主義であったからでしょう。

何せ、万物は皆、人間だけでなく鳥獣草木に至るまですべて、天皇のお蔭で存在しているのであって、従って天皇を敬い、二心なく奉公すべきである、故に天皇に背く者がいれば親兄弟であってもこれを殺すのが我が国の大義であると強調するのですから、公卿とすればそれ以上いうべき言葉もないということになります。幕末の尊皇原理主義者＝尊皇テロリストが拠りどころとしたのはこういう思想を易しく語り直したような水戸学であり、それはそのまま大東亜戦争遂行のための全体主義を支えた天皇絶対主義と全く同じものであったのです。

「一億総白痴化」「駅弁大学」「恐妻」などの歴史に残る流行語を残した稀代の社会評論家・大宅壮一氏は『実録・天皇期』（角川書店、大和書房）を、独立して今の日本が生まれた昭和二十七年という時期に著しましたが、それは実に生々しく天皇制や皇室の歴史を詳述しています。令和という時代の現代でも、目次を見るだけで「不敬」に当たらないかと驚くほど、自由奔放な表現をしているのです。後世からみれば、平成・令和の現代の方がむしろ言論統制の強い時代であったかと誰もが錯覚するでしょう。

右に触れた式部の思想について、大宅氏は同書の中で以下のように述べています。

—式部という男は、驚くべき天才的アジテーターである。こうまでいわれれば、これまでわずかな捨て扶持をもらってのらりくらりと暮らしてきた公卿たちも、奮起せざるをえまい。その後天皇株が有史以来の高値を呼んだ明治以降においても、かくまで最大限に天皇をもちあげたものは少ない。（中略）まず天皇を最大限にもちあげた後で、この至上至尊者に代々奉仕することによって生活してきたものの幸運、幸福、特権を悟らせ、その選良意識をよびおこし、最後にこの皇室が現在陥っている悲惨な状態を訴え、その原因と敵の何たるかを教えて、これを回復することはお前たちの責任であり、義務である、しかもその勝利は決定的であり、お前たちには輝かしい前途が待ちうけている、未来はお前たちのものだ、ということになるのだから、よほど無気力なものか、現実に溺れているものでない限り、心を動かすのは当然である。

ところで、（式部の文章において）〝大君〟の代わりに〝マルクス〟〝レーニン〟〝スターリン〟を入れてみてはどうか。時代は移り変わっても、人間を動かし、決起させる方式とかコツとかいうものは、そう変わるものではないことがわかる――

このようにして、狂信的な尊皇原理主義者が各地に溢れ出し、大宅氏の表現を借りれば「勤皇ラッシュ」というようなムーブメントが京都に押し寄せることになったのです。

なお、一部に陽明学を朱子学に対抗するものと理解している人がいますが、これは明白な誤りであって、陽明学は朱子学から派生したものです。また、ＮＨＫがドキュメンタリー番組の中で吉田松陰を信奉する役者が「知行合一」という考え方を松陰の思想として熱く語る様を報道していましたが、これも誤りであってそれは松陰の言葉ではなく陽明学の初歩的な言葉であり、考え方です。勤皇思想の系譜に触れたついでに、蛇足ながら付言しておきます。

2　「天下の副将軍」水戸黄門の愚かしさ

勤皇論の盛り上がりは、江戸中頃から後期へと、時代が下るほど大きく、強くなっていきました。江戸後期になると、尊皇という思想は、思想というより武家の基本的な教養として穏やかに根づいていたと観察できます。

それが、幕末には討幕テロの論拠となるまでに熟してしまったのは何故でしょうか。

そこに、水戸学の果たした役割があります。

水戸学とは何かと問われると、私は答えに窮するところがあります。

これは学問というより、考え方に過ぎないのです。それも、『大日本史』を編纂するプロセスで形成された考え方のことをいい、儒学的要素があれば、国学的思考が混じり、神道のトーンも含まれるという、いってみれば「ごった煮」的な考え方なのです。

これをひと言で定義づけようとすれば、「水戸の考え方」としか言い様がありません。

ところが、長州の吉田松陰たちがこれにかぶれたこともあって、これが幕末テロリズムの思想的エネルギーとなったのです。明治以降も極右国粋主義者、天皇原理主義者にとっては「聖典」ともいうべき考え方となり、その非理性的で感情的な考え方は今日に至るも変わりません。

そもそも「維新」や「国体」といった、軍国ファシズムの形成に寄与した言葉は殆ど水戸学用語であり、「教育勅語」のベースともなりました。安倍晋三内閣が、森友問題に関してこういう「教育勅語」を是認することをわざわざ閣議決定したことは記憶に新しいところですが、いうまでもなくこの行為は憲法違反の疑いが濃厚です。

私は、現憲法を絶対維持すべきであるとの立場は採りませんが、それが存在する以上は遵守すべきであると考えますし、内閣総理大臣ともあろう者がこういう稚拙な違憲行為を行うことに驚きを禁じ得ません。

いずれにしても、明治維新、昭和維新を考えるに際しては、水戸学の存在を避けて通ることはできないのです。

イスラム学者でもある山内昌之氏と作家中村彰彦氏が、水戸学について興味のある発言をされています。曰く、

「歴史とは、現実の果てしない積み重ねをどう解釈するかであって、人間がひとつの理念で均質に作り上げるものではない」(山内氏)

「(水戸学は)理念が展開していくのが歴史だと決めつけているから、そこから外れる要素が出てくると、歴史そのものを修正しようとする。そこで観念的な精神の高揚が生まれ、天誅という名のテロリズムへ走ることにつながる」(中村氏)

これは、ペリー来航以降の時代を世界史的視野から読み解こうとした『黒船以降』（中央公論新社刊）の中での発言です。主旨は、幕末の狂気に満ちた水戸藩の血塗られた実相を浮かび上がらせ、歴史上の責任を追及しようとしたものなのです。

右の発言は、水戸藩が藩を挙げて明治後期まで編纂作業を続けた『大日本史』が如何にナンセンスであるか、如何にテロリズムを助長したものであったかを指弾しています。

長州テロリストたちがテロリズムを正当化する論拠とした「水戸学」とは、前述した通り、実は「学」というような代物ではありませんでした。空虚な観念論を積み重ね、それに反する「生身の人間の史実」を否定し、己の気分を高揚させて自己満足に浸るためだけの〝檄文〟程度のものと考えて差し支えないでしょう。この気分によって水戸藩自身が四分五裂、幕末には互いに粛清を繰り返すという悲惨な状況を呈したのです。愚かというには余りにも愚劣な藩であったとしかいえません。

「水戸学」こそが「日本学」であるとする浅薄な狂気思想は、討幕という果実を〝弟子〟であるはずの長州・薩摩にもっていかれ、その挫折感が却って「水戸学」を美化し、井上日召、菱沼五郎、橘孝三郎など水戸藩ゆかりの人間たちによって日本ファシズム運動として脈々と受け継がれていくことになります。この流れが昭和前期に五・一五事件、二・二六事件を惹き起こし、満州事変を経て日本を無謀な大東亜戦争へと導いていったのです。

戦後に至っても、序章で触れました三島由紀夫の「楯の会」の学生たちは「水戸学」の信奉者でした。

「明治維新」という言葉は昭和になってから一般化した言葉なのです。「維新」という概念と言葉そのものは、幕末の水戸藩主徳川斉昭《なりあき》の時代に生まれていますが、「昭和維新」という明治への回帰運動が燃え盛る流れに乗って「明治維新」という表現が確立したもので、その流れを具現化しようとした思想線上に皇道派青年将校たちの存在があるのです。

もともと水戸という地は佐竹家が領していましたが、「関が原」の際、佐竹義宣がなかなか態度をはっきりさせず、それが影響して戦後秋田へ転封となりました。

徳川家康は、五男信吉を十五万石でこの地に入れましたが、病弱な信吉は江戸幕府が成立した慶長八（１６０３）年に病没、その後に十男頼宣が二十万石で入りましたが、頼宣は直ぐ駿河五十万石へ転封となります。その後に十一男頼房が二十八万石で封じられ、これが水戸藩の初代ということになっています。

当初から家臣団の構成が複雑で、武田の遺臣、佐竹の遺臣、家康が付けた徳川直参、更には北条の遺臣や百姓か山賊か分からないような地元の土豪たちといった具合で、一体性というものが存在しないという不幸な歴史をもっていたのです。

頼房を継いで二代目の藩主となったのが、ご存知光圀《みつくに》、俗にいう「水戸黄門」です。念のため補足しておきますが、「黄門」というのは固有名詞ではありません。律令制における中納言、権中納言という官名の唐名を「黄門侍郎」といったところから、それを略して水戸の中納言を「水戸黄門」というようになったもので、歴代水戸藩主で中納言に叙せられた者は七名おり、これらは皆「水戸黄門」なのです。

幕末になって江戸の講談師が、十返舎一九《じっぺんしゃいっく》の『東海道中膝栗毛』などを参考にして水戸光圀をモデルとした『水戸黄門漫遊記』を創作したところから、光圀を黄門様とすることが一般化したものに過ぎないのです。

蛇足ながら、水戸光圀が諸国を漫遊したという史実はなく、彼は関東以外に足を延ばしたことはありません。

この光圀が、藩予算の三分の一という巨費を投じて『大日本史』の編纂事業を開始したことはご存知の通りですが、この光圀こそが「水戸の狂気」のルーツといっていいでしょう。

水戸光圀の時代は三代将軍家光の治世下ですが、水戸藩は諸侯のように藩主が参勤交代で江戸と国許で交互に暮らすのではなく「江戸定府」となっていました。藩主は、恒常的に江戸に在住するのです。水戸が「副将軍」などと自称するようになったのは、このことがあったからだといわれています。「副将軍」などというポジションは公式には存在しませんし、実態としてもそのような定めも役職も何もありません。

むしろ、御三家の中では水戸は末席であって、これはどこまでも水戸が勝手にいっているだけのことで、物語ではこれが水戸光圀の肩書のように使われるようになりました。

今でも「黄門様」のドラマは誰もが知るところでしょうが、ドラマとは全く違って実在した水戸光圀とは、若い頃はかなりの〝かぶき者〟であったらしいのです。女遊びの激しかったことはともかく、単なる〝かぶき者〟で済まされないことは、頻繁に「試し斬り」をやったことです。

武家が人を斬るということは、江戸期になると現実には滅多にないのですが、この人物は別で、人を斬ることに快感を覚えていたのではないかとさえ思えます。藩主になってからも、大名や直参を招待して開催した能を観る接待の場で、家老の藤井紋太夫を斬り殺しています。こういう場で家臣などを斬殺した例は、「愛の兜」でお馴染みの上杉の直江兼続とこの水戸光圀ぐらいではないでしょうか。

凡《およ》そ光圀のやったことで領民にとって有益になったことは何一つないといってもいい過ぎではありませんが、中でも酷かったのは検地です。

当時の一間とは六尺三寸です。こんなことは、藩が違ってても変わってはいけないことはいうまでもありません。徳川社会とは、もっと高度な文明社会でした。ところが、光圀は一間を六尺として検地したのです。そうすると、計算の上だけでは二十八万石の水戸藩が三十六万石以上になるのです。勿論、これは見せかけです。換言すれば「見栄《みえ》」なのです。

この石高は、光圀の次の綱條《つなえだ》の代に幕府から公認されました。となると、大名行列の人数から盆暮れの贈答に至るまで石高に相応《ふさわ》しい形を整えなければならなくなるのです。当然、実高からすれば割に合わない出費がかさむことになります。

何故そのような無意味なことをしたのでしょうか。

光圀は、御三家の一角として尾張六十二万石、紀州五十五万五千石と張り合いたかったのです。ところが、間の悪いことに光圀の検地の年から三年続けて水戸は飢饉に襲われ、実際の取れ高は十五万石程度に落ち込んだといわれます。芳賀《はが》登氏の研究によれば、幕末の水戸藩の実高は五万七千七百三十石であったといいます。俄かには信じられない数字ですが、水戸藩においては内実と表向きの乖離《かいり》が斯くの如く酷かったのです。

領民や家臣団は堪《たま》ったものではありません。農民は架空の農地に課税されているようなもので、家臣団は既に減俸されている俸給を六代治保《はるもり》の代には更に「半知」とされました。「半知」とは、藩が藩士から知行・俸給の五十パーセント＝半分を「借り上げる」ことをいいますが、「借りる」とは体裁のみで、実質的には俸給の五十パーセント削減なのです。更に豪商豪農からは献金を募り、献金した者には「郷士」という身分を与えました。つまり、藩が公然と「売官」を行っていたのです。これによって、江戸体制の骨格ともいうべき「封建制」の前提である身分制というものが崩壊していきます（「封建制」というものを現代教育流に解釈して、この現象を喜んではいけません）。金で身分を与えること自体は、他の藩でも行われていましたが、水戸藩ではこれが激しかったのです。

領民や家臣団は、益々困窮していきます。相次ぐ倹約令。「幕末の狂気」＝水戸斉昭（烈公）は、次のような触れを出しています。

一、近頃風俗奢侈《しゃし》甚だしく、全て華麗を好み、倹素を失ひ候段御聴に達し、此度御家中一統綿服着用仕るべき旨仰せ出され候

一、諸士以上、絹紬《けんちゅう》下着苦しからず候、妻女の儀も右に準じ着用致すべく候、且男女共

一、諸士以下軽き者全て綿服着用、帯の儀は太織紬苦しからず候、且男女共七十以上、
　七十以上太織着苦しからず候
　太織紬下着御許し遊ばされ候

とにかくこの藩は貧乏でした。土地そのものが豊穣とはいえない領土でありながら、見栄と体裁のために一間を六尺に変えるという暴挙を平然と行った上、藩財政に過大な負担を強いて無意味な『大日本史』編纂に執着した水戸光圀が、その元凶です。

実は、光圀の次の綱條の代に既に藩士から借入れを行っていたのです。この時は上士で年収の十分の一程度、下へいくほど緩くなっていましたが、借入れとは名ばかりで、藩がそれを返済したことはありません。この最初の藩士からの借入れの直接の原因は、光圀が悪化させた藩財政の立て直しができず、水戸藩は幕府から八万両の借金をして、年に一万両ずつ返済することになっていたことにあります。返済のあてなど全くなく、藩士から借入れるしかなかったのです。

幕府からの借金も、単なる本家に対する甘えでしかありません。こういう時だけ本家に甘え、そういう分家がその初期から「倒幕」の芽をせっせと育てるという、実に皮肉な構

図が現出することになるのです。

領民と家中の困窮はこの頃から本格化しますが、その後の「半知」で単なる困窮の域を超えてしまいます。貧乏の度が増すと観念論が益々濃縮され、空論に空論を重ねるようになっていくものです。

三代目の時代に、早くも大規模な一揆が発生しました。ところが、藩主は「江戸定府」です。一揆は江戸の藩邸に押しかけることになります。千名を超える一揆勢が藩邸に直訴に及んだこともありました。

このように、不満があると江戸に押しかけるということも水戸の行動パターンとして常態化するのですが、この延長線上に「桜田門外の変」があります。司馬遼太郎氏の「桜田門外の変」肯定論には、この視点も完全に欠落しているのです。

端《はな》から一体感に欠ける家臣団、極度の貧困、観念論の積み重ね。これらが絡まって収拾のつかなくなったのが幕末の水戸藩の実態であったのです。

水戸藩藩儒の家に生まれた山川菊栄女史の『武家の女性』（岩波書店）には、幕末水戸藩の貧窮の状況が極めて具体的に描かれており、この記録は、水戸藩の狂気を理解する上では一助となる著作です。この機会にご紹介しておきたいと思います。

3　昭和維新に登場した吉田松陰

次の教科書改訂によって、吉田松陰と坂本龍馬が日本史の教科書「明治維新」の項から消えることは、ほぼ確実なようです。二人ともこれまで語られてきた幕末維新史のヒーローですから、彼らが教科書から消え去ることには反対も多いようです。

しかし、私には「ようやくか…」といった安堵の思いがあり、これで公教育において幕末維新史はほんの僅かでも正しい方向に修正されるでしょう。このことが、いよいよ日本史の、特に近世史、近代史の検証の端緒となることを願わざるを得ません。虚構といってもいいような大きなウソに満ちた幕末維新史には、本来語られなければならない人物が、政治的な思惑や政治権力の力関係の影響を受けて、不当にも捨て去られているのです。「尊皇攘夷」を喚きながら繰り広げられた長州過激派の京における凄惨なテロを、それに憤りを覚えながらも悲しい史実として振り返る時、教科書がどう扱おうが、ここでは、この吉田松陰という若い男のことに触れざるを得ません。

長州・薩摩の世になって、幕末動乱の登場人物はことごとく脚色された人物像で語られ、伝えられてきましたが、この人物ほど脚色の度合いの激しいケースも珍しいでしょう。

はっきりいって、私たちが教えられてきた、今の子供たちも教えられている吉田松陰とは、残念ながら〝ウソ〟であると断じていい存在です。

私が東京へ出てきたのは、もう今から半世紀も前のことです。生を受けた京都伏見にいたのは幼児期であり、その後十八歳までを近江琵琶湖畔の佐和山（中仙道鳥居本宿）の麓で過ごしました。

そういう田舎者が〝花の大東京〟へ出てきて最初に住んだ地が、世田谷の松陰神社（若林四丁目）でした。最寄り駅は、〝イモ電〟（今の東急世田谷線）「松陰神社前」であり、現在もその駅は健在です。世田谷区役所本庁や国士舘大学でお馴染《なじ》みの地でもあります。「松陰神社」という地名は、非常に分かり易いとしか言い様がありません。近くに、吉田松陰を祀る「松陰神社」があるのです。

薩長政権成立直後の長州人ならいざ知らず、選りによって彦根藩佐和山城下から出てきた私が松陰神社に住むというのは不思議だと思われるでしょうし、当時、私自身が納得できない思いで住んでいたことも事実なのです。これは、入社した会社が決めたことであって、私自身に選択権がなかっただけに過ぎません。修学旅行以外では初めての東京であり、当時はどこに何があるかなど全く知りませんでした。それでも松陰神社と聞いた時、もしやと思ったのですが、案の定であったのです。

小さな町のこと、徒歩で直ぐ行ける場所に神社はあったのですが、私はそこに住んでいる間、その場所を確かめることもしませんでした。今にして思えば大人気ないことであり、ただ若かったとしか言い様がありません。勿論、その後、松陰神社を訪れています。

事情を知らない人にする言い訳のようにこじつければ、そこは豪徳寺にも近いのです。招き猫で有名な豪徳寺とは、彦根藩主井伊家の菩提寺なのです。彦根城下の土産物店に並ぶ彦根名産招き猫は、豪徳寺を舞台としたエピソードから発したものであることをご存知の方も多いことでしょう。曹洞宗豪徳寺は、第二代彦根藩主井伊直孝によって復興された寺であり、以来、彦根藩井伊家とは縁の深い寺なのです。

水戸と薩摩の不逞の輩に暗殺された大老井伊直弼《なおすけ》の墓もこの寺にあります。水戸学にかぶれた尊攘派の〝跳ね上がり〟吉田松陰を祀る松陰神社と、水戸学の犠牲者ともいえる大老井伊直弼が眠る豪徳寺が至近にあるというのも、実に皮肉な現実ではあります。

私どもの世代が受け、現在も脈々と続いている官軍教育の中で、吉田松陰という存在はその代表的な偽りです。今も信じられている吉田松陰像とは、それこそ捏造《ねつぞう》であり、大ウソであると断じていいと、改めて強調しておきましょう。このことは、私が彦根藩の地から出てきたこととは全く無関係に指摘すべきことなのです。

明治維新の「志士」を多数輩出した松下村塾の主宰者にして、維新の精神的支柱となった偉大な思想家、教育者であり、正義を貫き「安政の大獄」の犠牲となった悲劇の主人公。これが、私どもが学校教育、即ち公教育によって教え込まれた吉田松陰です。

実像は全く違います。

ひと言でいえば、松陰とは単なる、乱暴者の多かった長州人の中でも特に過激な若者の一人に過ぎません。「若造」といえばいいでしょうか。今風にいえば、東京から遠く離れた地方都市の悪ガキといったところで、何度注意しても暴走族を止めないのでしょっ引かれただけの男なのです。といえば、現代の地方の方からお叱りを受けるでしょうが、分かり易く簡略化した例えです。

ただ、仲間うちでは知恵のまわるところがあって、リーダーを気取っていました。といっても、思想家、教育者などとはほど遠く、それは明治が成立してから山縣有朋などがでっち上げた虚像なのです。長州藩（萩藩）自身がこの男にはほとほと手を焼き、遂には士籍を剝奪、家禄を没収しています。つまり、武士の資格がないとみられたはみ出し者であったのです。

百五十年余り経って官軍思想が多少揺らぎ始めた今、吉田松陰という〝大ウソ〟は、先々の社会設計のためにも多少詳しく整理しておいた方がいいでしょう。

この男、文政十三（１８３０）年、長州藩士杉百合之助の次男として、今の萩市に生まれました。幼名を寅之助といいます。杉家は、家禄二十六石、所謂下級藩士です。このあたりは、麗しい「明治維新物語」の主人公の一人としてはそれに相応しい出自といえるでしょう。寅之助は、江戸期の次男坊によくあることとして養子に出されました。五歳の時のことです。養子先が叔父に当たる吉田大助という山鹿流の兵学師範でしたが、一年ほどして養父が他界し、その後、同じく叔父の玉木文之進が開いていた松下村塾で世話になることになったのです。

ここで既に一つの史実が埋め去られています。

松陰といえば、誰でも「松下村塾」を開いて「志士」たちを育成した指導者、と答えるでしょう。松陰と松下村塾という言葉は一体となっており、松陰＝松下村塾と強烈に刷り込まれています。

ところが、松下村塾とは、陽明学者ともみられる玉木文之進の私塾なのです。松陰が松下村塾を主宰していたというような事実は存在しません。

一般に名高いところでは、日露戦争の二〇三高地攻略で知られる、あの第三軍司令官乃木希典《まれすけ》も玉木文之進の指導を受けています。玉木と乃木との間には、乃木の弟が玉木の養子に入っているという関係があったのです。昭和陸軍によって神格化された乃木希典という、実態は驚くべき無能な長州閥の陸軍軍人には多分に陽明学徒的な傾向がみられるのですが、それは玉木文之進の影響かと思われます。

松陰にも、同様に陽明学徒的な傾向がみられます。荒々しい気質の松陰にも強い影響を与えたと思われる玉木文之進とは、一体どのような人物であったのでしょうか。

玉木自身も養子に入って玉木家を継いだ男であり、兄の吉田大助と同じく山鹿流の兵学者でした。藩内では「尊皇攘夷派」とされ、天保十三（１８４２）年に松下村塾を開設し、まだ幼少であった松陰はこの頃から玉木に厳しく教育されたようなのです。その厳しさとは典型的な体罰指導であったようで、これによって松下村塾で教育されたのは、松陰の方なのです。

一方で玉木は、藩政にも関わり、藩内各地の代官を歴任していましたが、松陰が処刑されたことで管理監督不行き届きとされ、万延元（１８６０）年にその職を追われました。玉木は、その後復帰した藩政からも引退した明治二（１８６９）年に松下村塾を再開させ、再び子弟の教育に当たったのです。

ところが、明治九（1876）年、前原一誠による「萩の乱」が勃発、これに養子の玉木正誼《まさよし》や門弟が参加したため、薩長新政府に対して責任をとる形で先祖の墓前で自害しました。

私は、この程度の足跡の断片しか知らず、人柄や気質を洞察できる情報知識のもち合わせがないのでよく分からないのですが、人間的に吸引力のあった人物であったのでしょう。ただ、どういう種類の吸引力であったのか、そのことに疑問と興味が残ります。

松陰は嘉永三（1850）年、二十歳の時ですが、平戸に遊学し、山鹿流兵学者山鹿万介の教えを受けています。肥後藩の過激派宮部鼎蔵《ていぞう》と知り合ったのは、おそらくこの時でしょう。

翌嘉永四（1851）年、脱藩。この時、水戸から津軽まで足を延ばしています。水戸では、水戸学の会沢正志斎に会い、会津藩藩校日新館を見学したのもこの途中のことです。

この脱藩については、単に通行手形の発行が遅れただけとするのがこれまでの定説ですが、秋田藩で相馬大作事件の調査をするなどの行動から判断すれば、政治的な確信的行動であることは明らかであり、「単に通行手形が〜」だけでは済まされません。私は、松陰がこの事件に興味をもっていたことを重視しています。

相馬大作事件とは、南部（盛岡）藩士下斗米《しもとまい》秀之進による弘前（津軽）藩主暗殺未遂事件ですが、下斗米が「相馬大作」という偽名を用いたことから「相馬大作事件」と呼称され、特に戦前までは講談や小説、歌舞伎、そして映画などの題材としてよく用いられ、非常に知名度の高い事件でした。大衆はこの事件を「みちのく忠臣蔵」と呼び、相馬大作をもてはやしたのです。

学者までもが、典型的なテロである暗殺を計画的に実行しようとした相馬大作の真意をあれこれ述べ立て、国防の急務を考え、南部・津軽両家の和睦に向けての自覚を促すものであったとか（吉川弘文館『国史大辞典』ほか）、相馬に同情的な論評をするのですが、鋭利な洞察力で知られる平戸藩主松浦静山は「児戯に類する」とこの事件をひと言で切り捨てています。

ただ、この事件が水戸藩藤田東湖と長州藩吉田松陰に強い影響を与えた、とはよくいわれるところなのです。藤田東湖とは、テロを肯定する狂信的な水戸学の大家であり、水戸学そのものが長州テロリストの理論的支柱となったことは否定のしようがありません。

この事件についての調査で松陰がわざわざ秋田藩を訪れたのは、この暗殺未遂事件の現場が秋田藩内にあったからです。事あるごとに暗殺を主張した松陰は、この秀吉の小田原征伐あたりにまで遡る南部藩と弘前藩の確執とその解決方法としての暗殺という手段に強い興味をもっていたと考えられるのです。

翌嘉永五（1852）年、長州藩は、脱藩の罪で松陰から士籍を剝奪し、家禄を没収しました。松陰は、実家杉家の「育」となったのです。要するに、親族による保護観察付き居候です。

嘉永六（1853）年、ペリー来航の年、松陰は、長州藩足軽金子重輔と共に長崎に来航していたロシア軍艦に乗り込もうとして果たせず、安政元（1854）年、ペリーが再び来航した時、またも金子と共に密航を企てますが、アメリカ艦隊がこれを拒否、松陰は長州へ搬送され、藩は彼を野山獄へ幽閉しました。

ロシア軍艦に乗り込もうとした件については、プチャーチンを暗殺しようとしたとの説があり、アメリカ艦隊のポーハタン号に乗り込み、密航を訴えたといわれる事件についてもペリー暗殺計画をもっていたという説が根強く存在しますが、しきりに暗殺を主張する松陰らしい話ではあるものの、定かなことは分かりません。

ロシア軍艦への乗り込み失敗は、ロシア艦が予定より早く出航したためであり、史実として残すほどのことでもない、お粗末といえばお粗末な話なのですが、ロシア艦が予定を早めたのはクリミア戦争が勃発した影響です。松陰には分からない、遠い世界の出来事の煽りを食った恰好となっただけというべきでしょう。

下田でアメリカ艦ポーハタン号に密航を拒否され、幕府代官所へ自首したのは、ポーハタン号へ漕ぎ寄せた小舟が地元漁民から盗んだものであり、それがアメリカ側と交渉中に流されてしまったからです。小舟に置いてあったものから足がつくことは必定と考えたのでしょうが、それは全くその通りであってこの時点の幕府の海岸警備体制は決して甘いものではありませんでした。もし、小舟が流されるということがなかったら、松陰の自首も当然なかったでしょう。

この密航未遂事件では、佐久間象山が連座したとして投獄されています。幕府では、佐久間象山と松陰を処刑すべきであるとの意見もあったようですが、老中主座阿部正弘がこれに反対したとされています。

赦免されて出獄、萩へ戻った松陰は、安政二（1855）年、またも実家預かりの身となりました。そのような境遇下で、叔父であり師でもある玉木文之進の「松下村塾」を借りるような形で久坂玄瑞《げんずい》や吉田稔麿《としまろ》、前原一誠たちと交わるようになったのです。これは、僅か三年で閉じられますが、世にいう吉田松陰＝松下村塾という維新のシンボルともいえる言葉は、この時期のことを指しているに過ぎません。

公教育では、久坂や前原以外に、木戸孝允《たかよし》や高杉晋作、品川弥二郎、伊藤博文、山縣有朋等が門下生として教えを受け、維新の英傑を輩出したことになっていますが、このことも大いに史実と異なります。

木戸は明らかに門下生でも塾生でもなく、高杉も〝門下生〟というより〝ダチ〟といった方が近いでしょう。そもそも、松陰の松下村塾とは、師が何かを講義して教育するという場ではなく、よくいって仲間が集まって談論風発、「尊皇攘夷」論で大いに盛り上がるという場であったようです。そういう仲間のリーダー格が松陰であり、いろいろな縁で山縣狂介（有朋）のようなどこにも教えを受ける場のない境遇の者も集まるようになったというのが、実際の姿であったようなのです（尤も松陰は、山縣のことを殆ど知りません）。

安政五（１８５８）年、日米修好通商条約が締結されると、松陰は老中間部詮勝《まかべあきかつ》の暗殺を計画、藩は再び松陰を捕縛、投獄しました。

翌安政六（１８５９）年、幕府は松陰の江戸への送致を命令、松陰は伝馬町の獄舎にて斬首刑。満二十九歳、享年三十でした。

松陰は、大老井伊直弼の暗殺も主張していました。また、幕府転覆を堂々と主張し、藩に対して大砲を始めとする武器の支給を願い出たりしています。とにかく、斬殺、暗殺と喚く。これがまた、久坂や前原といった松陰同様の〝跳ね上がり〟には受けたようです。

長州藩が、杉家の杉梅太郎（松陰の兄）に警告を出しています。

「妄動してやまざれば投獄あるのみ」

藩や門下生といわれる者たちの一族にしてみれば、松陰の言動は文字通り「妄動」であり、このことは時の政治情勢から客観視しても変わりません。久坂の一族などは、何とか久坂を松陰から引き離そうと苦労したことが分かっています（久坂の妻は、松陰の末妹です）。

「安政の大獄」の名で大老井伊が特に松陰に目をつけ、彼を処刑したことになっていますが、当時の松陰は世間に溢れ出した尊攘派の中の特に荒っぽい一人に過ぎず、井伊は松陰という男のことなどよく知らなかったのではないでしょうか。調べれば、密航を企てた前科のあることは分かったでしょうが、井伊が果たしてそこまでやったかどうか疑問です。いざ処刑という段になって、井伊は松陰の処刑について長州藩に意向を聞いているのです。長州藩の回答が、松陰の行動を「暴発」とし、「斬首やむなし」というものでした。当時の幕閣にしても、諸大名にしても、松陰処刑を殊更の事件とも何ともみていません。不逞《ふてい》の輩が一人処刑されただけであったというのが、実相であったようです。

こういう松陰を師であると崇《あが》め出したのは、御一新が成立してしばらく経ってからのことです。師として拾い上げたのは、長州閥の元凶にして日本軍閥の祖、山縣有朋でした。

中間という足軽以下の出自をもつ山縣は、自然と累進するに従い、拠り所が欲しくなったのでしょう。また、それが必要と感じたに違いありません。権力欲の強い人間は、己を引き上げるためにこういうことをよくやるものです。自分に自信のない権力者ほど、その傾向が強いといえます。現代でいえば、学歴、学閥に異常に執着する政治家や官僚、大企業幹部や一部の学者と同様です。

これによって、吉田松陰＝松下村塾は一気に陽の当たる場所へ躍り出ました。あとは、長州閥の勢力膨張に歩調を合わせて、即ち日本の軍国主義化に乗って、雪だるまが坂道を転がるようなもので、気がつけば松陰は神様になっていたのです。

蛇足ながら、山縣が松下村塾の片隅に出入りしていたのは、ほんの数カ月に過ぎません。ただ山縣には、「他には何もなかった」のです。

松陰処刑直後は、高杉晋作、久坂玄瑞、前原一誠等が松陰の遺志を継いだ〝跳ね上がり〟でした。百歩譲って、松陰が何らかの思想をもっていたとしても、それは将来に向けて何の展望もない、虚妄と呼ぶに近いもので、ひたすら討幕の機会を窺っていた長州藩そのものにとっても松陰は単なる厄介者に過ぎなかったのです。

例えば、松陰の外交思想というものは余り語られませんが、実に稚拙なものでした。北海道を開拓し、カムチャッカからオホーツク一帯を占拠し、琉球を日本領とし、朝鮮を属国とし、満州、台湾、フィリピンを領有すべきだというのです。これを実行するのが、彼のいう「大和魂」なのです。一体、松陰はどういう国学を、どういう兵学を勉強したのでしょうか。

恐ろしいことは、長州・薩摩の世になったその後の日本が、長州閥の支配する帝国陸軍を中核勢力として、松陰の主張した通り朝鮮半島から満州を侵略し、カムチャッカから南方に至る広大なエリアに軍事進出して国家を滅ぼしたという、紛れもない事実を私たち日本人が体験したことです。

この大東亜戦争時、いわゆる戦時中、我が国の新聞には吉田松陰が頻繁に登場しますが、ここまでに述べてきた松陰の実像、正体というものからすれば必然の現象といえるでしょう。松陰にとって昭和維新と独断であれ関東軍の大陸侵攻は、まさに待ち焦がれた檜舞台であったといえるのではないでしょうか。

例えば、昭和十八（１９４３）年一月十三日付朝日新聞には、日本武学研究所所長佐藤堅司の論文ともいうべき長文の連載コラムが掲載されています。佐藤堅司は、孫子の研究家として知られ、陸軍士官学校の教官を務めた人物なのです。

連載のタイトルは『皇道総力戦』、この一月十三日のタイトルは『吉田松陰の卓見　和漢洋三兵法を綜合』となっています。

内容は本人の見解ですから事実関係の正誤を問うべきものではありませんが、引用している書典などに誤りはありません。ただ、その本人の見解が問題であり、総力戦での戦争遂行を鼓舞する立場から、松陰を山鹿流武学の完成者として礼賛し、松陰の侵略思想を『皇道世界政策』として評価するのです。そして、以下のように長文の松陰礼賛記事を締め括っています。


—われらは松陰を日本武学三本の完成者として認めると同時に、さらに皇道総力戦的見地から松陰を改めて検討することの必要を確信するものである—

そもそも「日本武学」などという言葉は、いつ、誰が創作したのでしょうか。昭和前期の日本を支配した国粋思想、皇国史観の担い手たちが吉田松陰を礼賛することは、これまで述べてきた史実に照らして必然といえるでしょう。

私たちは、明治から昭和にかけての軍国日本の侵略史というものを、御一新の時点から一貫してなぞって振り返ってみるという作業を全く怠ってきました。それをきっちりやっておけば、吉田松陰が神格化されることも、坂本龍馬の虚像がはびこることも、致命的な欠陥を含む司馬史観なるものが歴史観を支配することもなかったはずなのです。

尤も、その後の共産中国やソビエト（ロシア）の短い歴史は、それこそ侵略の歴史ですが、今になって韓国やそういう国々から居丈高に歴史観について常に非難されることも、その作業を終えていればあり様がないのです。

また、動乱時の二十代の若者と現代の二十代の器の違いには確かに天と地ほどの開きがありますが、それでも松陰や高杉の若さと、若さ故の未熟さを頭に入れて歴史を読まなければいけないのではないかと痛感します。

付言しておきますと、本来の玉木文之進の松下村塾は、明治二（１８６９）年に玉木自身が再開し、塾は明治二十五（１８９２）年まで存続しました。前述した通り、玉木文之進その人は、明治九（1876）年、松陰一派である前原一誠の起こした「萩の乱」の際、その乱に養子玉木正誼や門弟の多くが参加した責任をとって先祖の墓前で自害したのです。我が国に大過をもたらした遠因ともいえる吉田松陰は、当然のことながら先ずは身近な人から不幸にしていったといえるでしょう。

4 ビジョンなき討幕クーデター

改めて確認しておきましょう。

「明治維新」という言葉は、昭和初期～同十年代に燃え盛った昭和維新運動の際に「明治精神への回帰」ということが叫ばれたことに伴って一般化した言葉です。つまり、幕末動乱の終結と共に、或いは明治改元と共に、その時点で一般化していた言葉ではありません。

むしろ、話は逆なのです。

「昭和維新」というムーブメントがあって、これが「明治維新」という言葉を一般化させたのです。

そして、繰り返しますが、「維新」とは「国体」や「尊皇攘夷」と共に水戸学由来の言葉です。吉田松陰が水戸学に心酔したことは、偶々《たまたま》山縣有朋という人物が存在したことで松陰が浮かび上がったこともありますが、明治以降の天皇を神聖視する思想に大きな影響を与えたことになります。

この言葉は特定の事変や政変を指すものではなく、敢えて言葉面だけでいえば、「明治の世直し」「明治の社会刷新」という程度の意味にしかならないのです。

強く指摘しておきたいことは、「明治維新」という名称の事変、事件、政変の類は、日本史上のどこにも存在しないということです。

しかし、明治から令和の今日に至る百五十年に亘る歴史叙述が如何に史実からかけ離れているとしても、この言葉は、徳川幕府を倒し、明治新政府を樹立させた一連の政治的な動きの総称として既に私たちの社会に定着しています。そこで本書でも、一般通念通り、この後も便宜上「明治維新」という言葉をそのまま使用することとします。

では、明治維新とはそもそも何であったのでしょうか。

こういう問いかけは、一面で単純ではあるのですが、もう一つの側面では哲学的な、或いは文学的な、時に詩的といってもいいような情緒的な回答を求めているものです。

司馬遼太郎氏が、明治維新とは「革命」であったということをしきりに述べるのは、実は後者の立場で表現しているに過ぎないのです。私は、そのように善意に解釈しています。政治的、軍事的にははっきりしており、それは味も素っ気もない要因も含んでいます。現に、アメリカの歴史社会学者チャールズ・ティリーは、明治維新を指して、革命ではなく単なるクーデターであると明確に断定しています。政治史、社会変革史という観点から表現すれば、この断定に疑義を差し挟む余地は全くないのです。

明治維新とは、薩摩・長州・安芸《あき》（広島）、やや遅れて加わった土佐・肥前（佐賀）諸藩による、徳川幕府からの政権奪取を目的とした軍事クーデターでした。そして、冷徹な事実として、薩摩・長州には「関ケ原」の怨念が脈々と受け継がれていて、それが基盤要因であったことは否定できないのです。

革命もクーデターも、目先の政権を倒すという政治行動においては共通しており、変わるところはありません。そして、どちらも〝キャッチフレーズ〞や〝スローガン〞を掲げて、現政権を倒そうとするのです。

余談ですが、スローガンとはもともと「勝ち鬨《どき》」とか「鬨の声」という意味をもっており、本質的に政治的、軍事的な意味合いを内包しています。例えば、「リメンバー、パールハーバー」や「欲しがりません、勝つまでは」「守れ満蒙、帝国の生命線」などは、大東亜戦争遂行を目指した日米双方の国民を鼓舞するスローガンでした。

なお、既述しましたが、「守れ満蒙〜」は、軍部が唱えたスローガンではなく、東京日日新聞（毎日新聞東京本社版の前身）によるもので、満州事変以降の我が国の新聞はこぞって戦争を煽ったのです。

これに対して、キャッチフレーズとは、特定の組織、団体が掲げる標語のことを指すに過ぎません。

ところが、クーデターにおけるスローガンには、政権を奪取した後、自分たちがどういう国家を、どういう社会を新しく創るかというビジョンや「理念」が欠落しているのが普通なのです。そこで、現政権の非や悪政を正すという意味を込めたキャッチフレーズを前面に押し出すことになってしまいます。

これに対して「革命」というものは、その是非は別にして、こういう社会を創る、こういう国家にするという「理念」を掲げ、この理念の実現を目指すものです。繰り返しますが、その是非は別の話なのです。

いずれにしても、「自由・平等・博愛」という、人類にとって普遍性があると考えられているスローガンを掲げたフランス革命や、民族を超えて階級闘争というポジショニングを固定化した共産革命を傍らに置けば、革命とクーデターの違いは分かり易いでしょう。

徳川幕府からの政権奪取を目指した維新クーデターを起こした勢力は、どういうスローガンを掲げたでしょうか。

それは、ただ一つ「尊皇攘夷」でした。ただそれだけであったのです。他にこれといったスローガンもなく、益《ま》して徳川政権に取って代わってどういう国家を創るのかとなると、全くそのグランドデザインをもっていなかったのです。

この「尊皇攘夷」という謳い文句は、果たして政権奪取におけるスローガンとなり得たのでしょうか。何故なら、クーデターによって倒される側の方も「尊皇」意識をもっていたからです。そして、尊皇度という点では、むしろ倒される側の方が強かったことは明白なのです。

そうなると、双方の違いは「攘夷」であるか否かという点だけになりますが、これはもう単なる政策の相違、外交方針の相違というレベルに過ぎません。

このように考えますと、明治維新という軍事クーデターは、クーデターとしても誠に珍妙なクーデターであったといわざるを得ないのです。

いきおい、どちらの尊皇度が高いか、どちらが真の尊皇かという建前としての観念のアピール合戦となり、このことが「尊皇」という民族意識といってもいい、伝統的には素朴な貴種尊重意識を「天皇原理主義」という暴力的な思想にまで高めてしまうことになったとみられるのです。

幕末動乱時の正義の基準は、朝廷即ち天皇の意に沿っているかどうかでした。つまり、真に「尊皇」であるかどうかであったのです。

江戸中期以降、永きに亘った平和の成果として諸学が隆盛し、それは儒学及びその派生とみられるジャンルのみならず、浮世絵に代表される芸術ジャンルから世界最高水準とされる和算のような理数ジャンルにまで及び、江戸期日本は世界的にみても高度な文化国家として円熟していました。

そういう社会に一人、鬼っ子のような「水戸学」が登場したのです。これについては前節までに述べましたので重複は避けますが、補足しますと、これは十二〜十三世紀に中国で興った宋学を十八世紀にもなって無理矢理我が国の政治体制に押し込めるように当てはめた代物であったのです。

具体的にいえば、宋学にいう「尊王斥覇」の「王」に天皇を当てはめ、幕府を「覇王」と看做《みな》したのです。北方夷敵に苦しめられ続けた宋という王朝の政治環境、対外環境を無視し、まるで言葉遊びのように「尊王斥覇」という言葉と考え方をもち込み、流布させたものであったのです。

簡略に述べれば、これによってこれまで政治的には真に無色で、平穏な存在であった天皇が、俄かに政治的色彩を帯びることになりました。「尊攘激派」と呼ばれるクーデター勢力が、無理矢理不自然な色を塗りつけたのです。特に、長州の吉田松陰に代表される若者が水戸学にかぶれて過激な「尊皇攘夷」思想をアジテートするに至り、「尊皇テロリスト」とも呼ぶべき暴徒が京に溢れることになったのです。

「尊皇」という考え方そのものは、この時代、既に読書人階級である徳川武家には穏やかに根づいていたのですが、長州過激派を核とした一派が政治的野心から出てきた攘夷という言葉とセットにして「尊皇攘夷」を下層階層に向けて単調なリズムで喚くことによって大きな政治的な流れが生まれたのです。

「尊皇」という言葉は、「勤皇の志士」などというように、かつては「勤皇」と表現することが多かったのですが、「尊皇」も「勤皇」も政争における正義の基準というものを考えるについては同義であったといって差支えありません。

幕末動乱時においては「尊皇」「勤皇」こそが正義であり、「尊皇」に非ざる者は、今でいえば「反日主義者」、戦時中の表現なら「国賊」です。「尊皇」派は天皇を、即ち朝廷を守護する立場ですから「官」となります。「官」にはもともと「大勢の人」とか「おおやけ」という意味があります。

「尊皇」即ち「官」に非ざる者は「賊」です。「賊」は、天皇＝朝廷に反逆する者、国家に反逆する者ですから「悪」となります。このようにして、幕末動乱時にこの国は天皇を軸にして「官」と「賊」に分かれて血を流したのです。それは、豊潤な文化社会にいきなり単細胞的な原理主義スローガンが登場したといった様であったのです。

つまるところ、明治維新という軍事クーデターは、貧弱なスローガンを掲げはしましたが、国家や社会のあり方に関わる「理念」、或いはグランドデザインというものを全くもっていませんでした。だからこそこの出来事は「革命」ではなく、単なる軍事クーデターと定義されるのです。そして、次の時代を描くグランドデザインを全くもっていなかったことが、明治維新最大の過ちであったといえるのです。

5 天皇機関説の抹殺

軍事クーデターによって成立した明治新政権には、二つの骨格ともいうべき性格があります。

一つは、時流の勤皇思想に助けられた復古政権であったという点です。

将軍の権威より天皇の権威の方が上位にあるとする水戸学に支えられて、彼らは「復古」を謳って幕府を倒したのです。

もう一つは、相反するような「欧化主義」を徹底して推し進めたことです。

もともと討幕勢力が大英帝国の支援を受けていたことは周知のところですが、彼らは特に欧米列強の工業力に圧倒されたのです。軍艦、大砲、小銃、そして、鉄道…そういう、いってみればハード面の優劣で先進国、後進国の区分をしたのです。

この二つの特性は実に複雑な絡み方をして、近代と呼ばれる明治以降の社会を形づくっていくのですが、この過程が対外的なコンプレックスと民族としての優越意識がいびつに同居するという、近代日本人を創り上げたと考えられます。

ただ、国際社会に乗り出していくには天皇という、とにかく古い、古い権威、列強にはみられない神代の昔から存在する稀にみる脈々とした血統をもつ権威にすがるしかなかったのです。平たくいえば、そうでなければ怖くてやっていけなかったのです。

この心理は、戦争になるとよく分かります。前線で敵と対峙した時の日本兵の心理に、よく顕れているのです。修羅場という極限状態になると、本性が表面に浮き出てくるものです。日本兵が勇敢か、勇敢ではなかったかという話をしたいのではありません。クーデターから二十年、三十年と時を重ねていくと、二つのキャラクターから生まれたものが本性のように近代日本人の内に染みついたように思えるのです。

そう考えると、「復古」という面がどんどん深く掘り下げられ、最終的に天皇原理主義といえるまでに濃縮されたことも容易に頷けるのです。

なお、中央集権国家を創るためには天皇が必要だったという論がありますが、それは結果論のような話です。彼らは、中央集権国家を創ろうとして政権を奪取したわけではないのです。そもそもその時点で、天皇にそのような求心力など全くなかったのです。そこから、つまり、天皇というものの偉大さ、尊さから国民に教える必要があったのです。

明治も三十年代に入った頃のことであったかと思いますが、薩摩の大山巌を面詰した者がいました。いうまでもなく大山とは、後の日露戦争において満州軍総司令官を務めた、あの大山です。

「閣下、我々は尊皇攘夷ではなかったのですか」

この大山にとって厳しい問いには、自分たちは諸外国と和親条約、通商条約を締結し、対外協調路線を採った徳川幕府を、古より神聖な天皇を奉じ、麗しき伝統を守ってきたこの神国日本を汚らわしい夷狄《いてき》に売り渡すものとして打倒したのではなかったのかという素朴な疑問が込められていたはずなのです。

これに対して大山は、

「あの時はあれしかなかったのだ」

という意味のことを、苦し紛れに答えたという逸話が残っています。

あれしかなかった…つまり、方便だったということなのです。幕末文久年間をピークとして、〝天誅〟の名のもとに残虐な殺戮を繰り広げた尊皇テロは方便に過ぎなかったというのです。

こういう逸話が残るほど、明治新政府という〝復古政権〟は、成立するや否や一夜にして豹変し、「徳川近代」が敷いた線路の上を走りながら、西欧近代というものを金で買いまくったのです。

大英帝国の軍事支援を受けながら、討幕という政争に勝利するためには攘夷、復古という単調で分かり易いキャッチフレーズを大音量で喚かないと大衆参加のムーブメントを創ることができなかったという、明治維新というクーデターの抱えるそもそもの不幸がこの点にあります。

やはり留学経験のある幕臣田辺太一が、「攘夷を唱える狂夫」という表現をしたことがありますが、復古だ、攘夷だと喚いていたテロリストたち本人ですら、少し冷静で頭の回る者はそれが単に名分に過ぎないことをある程度自覚していたはずなのです。目的は討幕であって、復古、攘夷はその目的を達成するための思想の装いをしたキャッチフレーズに過ぎなかったのです。

ところが、余りにも激しくこれを囃《はや》し立てている間に気分が高揚し、キャッチフレーズの域を超えてしまい、彼ら自身が錯乱してしまったとしか思えないのです。

復古、復古といいますが、では一体どこへ復古すべきだというのでしょうか。それは、律令制の時代、即ち、奈良朝あたりでしょう。

彼らの唱える、天皇を神格化した狂信的な尊皇原理主義からいえばこれもおかしな話で、奈良朝にしても飛鳥《あすか》朝にしても、政治的にも文化的にも中国の影響なくして成立し得たはずはないのです。復古主義者、尊皇原理主義者たちも、当然このことは分かっています。彼らは、実のところ神代の古代に復古したかったのです。このことはもはや、勤皇思想の過熱、暴走が生んだ妄想というべきでしょう。

記紀が叙述する神話の世界とは、史実かどうかを云々する対象ではないと、私は考えています。これを史実とすれば、神武天皇以下、日本開闢《かいびゃく》初期の天皇は、二百歳、三百歳という長寿の天皇が何人も存在したことになるのですが、これに目くじらを立てることはナンセンスでしょう。神話の世界とは、民族の精神文化を生んだ母胎として長閑に好ましい気分で大事に抱いていていいものではないでしょうか。

ただ、愚かで卑劣なりとはいえ、尊皇原理主義者たちを多少擁護するとすれば、いつの世においても新しい政権が成立早々盤石というケースは、まず存在しないのではないでしょうか。政権奪取に役立った建て前、方便というものを一定期間は具現化することもまた、政権を固めるには必要となるものでしょう。

現実に、幕府から政権を奪って間もない明治二（１８６９）年七月、新政府は二官六省を設置しました。二官とは、神祇官、太政官、六省とは、民部、大蔵、兵部、刑部、宮内、外務の六省をいいます。

何という名称でしょうか。まるで律令時代へ遡ったようではありませんか。さすがに神代の時代には役所は存在しなかったので、可能な限り復古したということです。

そして、この名称の殆どは、昭和・平成まで使われていたことをご存知でしょう。大蔵省は、平成十三（２００１）年一月に財務省と改称されるまで存続していましたし、外務省は現在もその名称のまま存在します。宮内省は、内閣府宮内庁となりましたが、実質的に名称は変わっていません。

斯様に私たちの社会は、民族の歴史上初めて外国の軍隊に占領され、一時的にせよ独立国家としては滅亡しながら、それでもなお、復古を唱えた薩長政権の骨格を引き継いでいるのです。このことも、王政復古クーデター以降の歴史を全く検証していないことを、雄弁に物語っているのではないかと思います。

太政官の構成は、右太臣三条実美、大納言岩倉具視、参議に大久保利通、広沢真臣《さねおみ》、前原一誠、副島種臣が名を連ねました。右大臣だ、大納言だとなれば、光源氏がここへ名を連ねていても全く異和感を感じないであろう、紛れもない復古政権であったのです。

一方で卑しいほどの西欧崇拝に浸りながら、神代への復古を標榜する復古政権は、政権奪取に成功するや否や、日本史の一大汚点というべき「廃仏毀釈《はいぶつきしゃく》」という徹底した仏教文化の破壊活動を繰り広げました。彼らは、仏教文化を日本文化とは看做さず、外来のものとして排除しようとしたのです。このあたりが、原理主義者の愚かさでしょう。

こういう政権が列強の立憲主義に接し、これを模倣する必要から初めて憲法を作るのですが、これが昭和になると天皇の位置づけについて大きな論争を惹き起こしたのです。

それが、天皇機関説問題です。

明治憲法成立以来、憲法と天皇の関係、或いは、憲法における天皇の位置づけについては解釈が分かれていました。一つが天皇主権説、もう一つが天皇機関説です。

天皇主権説とは、文字通り、主権＝統治権は天皇にあるとする考え方です。憲法があったとしても、天皇はそれを超越した存在であって国家の根本であり、すべてを定める権力をもっているとするのです。憲法の定める主権者であるというのではないのです。憲法の外に存在し、絶対的統治者として憲法をも従える存在であるとします。

つまり、これは立憲主義というものを、完全に無視する立場と同じになってしまうのです。

大日本帝国憲法（明治憲法）は、欽定《きんてい》憲法です。しかし、誰が憲法を定めようとも、一度憲法を定めたら何人もその定めるところに従わなければならない。それが「立憲主義」

であり、立憲ということはそれほど重いわけです。

天皇主権説に対して、主権は国家にあり、天皇はそれを行使する最高機関であるとするのが、天皇機関説です。明治憲法においては、天皇の統治権と内閣（大臣）の輔弼との関係がよく論争になりますが、機関説では、輔弼する内閣も機関であるとします。

両者の立場は全く次元が異なるようにもみえますが、実はそうでもありません。

天皇主権説に立つとしても、極めて日本的政治姿勢として「良きに計らえ」で通してしまえば、国事はどうなるでしょうか。逆に、機関説に立つとしても、憲法の条文通り、天皇が統治者ですから、統治機関である天皇が輔弼機関である内閣より上位に位置するとすれば、これも国事はどうなるのでしょうか。

明治憲法はこのような欠陥を抱えていたといえばそれまでですが、どのような憲法でも欠陥はあります。戦後の現行憲法など、その最たるものでしょう。

しかし、天皇主権説が論拠とした一点は「万世一系」という点です。確かに、憲法にも、第一条に万世一系の天皇が統治すると書かれています。天皇は、本当に万世一系なのでしょうか。注目すべきことは、「万世一系」とは憲法にも明記された法的な言葉であったということです。

天皇主権説を主張したのは、穂積八束、上杉愼吉などです。一方、機関説は、一木喜徳郎、美濃部達吉などによって唱えられましたが、彼らはいずれも東京帝大の教授でした。大正から昭和初期にかけて、政府や大学の公式見解は天皇機関説であり、高等文官試験（官僚登用試験）も機関説を前提としています。つまり、エリートたちは皆、機関説で育っていたのです。

ところが、昭和維新の絶頂期である昭和九（１９３４）年、貴族院本会議において菊池武夫が商工大臣中島久万吉が発表した足利尊氏に関する文書を問題にし、逆臣である足利尊氏を礼賛する者が天皇を輔弼するとは不敬に当たると攻撃し、中島大臣の罷免を要求したのです。斎藤実首相は罷免には当たらないとしたのですが、右翼の攻撃が激しくなり、中島は辞任しました。今でいう「炎上」の結果です。

更に菊池は、翌昭和十年二月、やはり本会議において、天皇機関説を「緩慢なる謀反」であり、「明かなる反逆」であるとして、本格的な攻撃を開始したのです。

菊池武夫とは、陸軍出身、日露戦争に従軍した経験をもち、奉天特務機関長などを務めた人物ですが、先祖が南北朝時代に後醍醐天皇側について戦ったという、それだけの理由で明治にもなって「南朝の功臣の子孫」だということで華族に列せられた男です。

バカバカしい話だと思う方が多いことでしょう。実にバカバカしいことですが、これが明治という時代の一側面であり、昭和維新の愚劣さなのです。

美濃部達吉は、衆議院で「天皇は法人である国家の元首である」との「弁明」をするのですが、今度はこの発言について、衆議院議員江藤源九郎が美濃部を「不敬罪」で告発したのです。

江藤源九郎とは、やはり陸軍出身、日露戦争に従軍し、少将で退役。この男は、日本の司法制度を創設したといってもいい、明治維新唯一の知性、江藤新平の甥なのです。江藤新平の嘆きが聞こえるような気がするのは私だけではないでしょう。

内務省は、美濃部の著書三冊を発禁処分とします。

ここで、五・一五事件以来、国民を煽動してきた文部省がまた登場し、国体の本義を一層明徴にせよとの訓令を発するという狂態を演じるのです。「国体の本義」です。

昭和十年九月、美濃部は貴族院議員を辞職。同時に、岡田内閣は「天皇機関説は国体の本義にもとる」として、これを教えること自体を禁止します。

岡田啓介首相は海軍出身です。一般的に、海軍軍人は陸軍に比べればはるかに合理的であり、国際性を身に付けていました。そういう教育、訓練を受けています。司馬遼太郎氏も指摘する通り、陸軍という組織、それに属する者がもっとも強く民族性を発揮するものです。

岡田は、当初この問題について「学者に委ねるべき問題である」との立場を採っていましたが、結局、官民挙げての「同調圧力」に屈したのです。

問題の文部省は、ダメを押すように昭和十二（１９３７）年、『国体の本義』を刊行します。曰く、

大日本帝国は、万世一系の天皇皇祖の神勅を奉じて永遠にこれを統治し給ふ。これ、我が万古不易の国体である…

美濃部達吉は、論理で敗れたのではありません。大衆情動ともいうべきメンタリティに負けたというべきでしょう。敢えていい切りますが、昭和維新という狂気の時代には、むしろ論理と知性の劣る者が勝者となったのです。

これを笑うことは簡単です。しかし、令和の今、コロナ禍を国難と称して日々騒いでいる私たちにどこか通じるものがないでしょうか。「同調圧力」という言葉が相応しいとは

思いませんが、政治家、メディア、そして、私たち市民が受け容れ、発している空気は、全く同じではないでしょうか。

文部省が「万古不易の国体」などと気張っていたこの年、盧溝橋《ろこうきょう》事件が発生、日本はドロ沼の支那事変からそのまま大東亜戦争へと突き進み、国民はこぞって無益な「同調圧力」に身を委ねて国を滅ぼすに至るのです。

なお、昭和天皇自身は、「機関説でよい」と発言していますが、同時に、二・二六事件と終戦（敗戦）の時の二度、これに沿った対応ができなかったことを認めています。

明治維新に始まった神性天皇の時代は、思考を停止した国民によって永らえたものの、僅か八十年弱で終焉を迎えたのです。それは、「人類の偉大な道草」と称された共産主義国家ソビエト連邦の寿命にほぼ等しいことは、果たして偶然だったのでしょうか。

第四章

象徴天皇の時代

1 「二度と過ちは繰り返しません」

私たちは、明治維新という出来事以降の時代、即ち、明治時代以降を「近代」と呼ぶように教育されてきました。長い昭和を経て平成も終わり、「令和」という新しい時代を迎えたばかりですが、この令和という現代は、まさにその「近代」の最中にあるのです。

この近代という時代呼称を使う時、私たちが受けてきた教育、今も学校教育として施されている教育——これを「官軍教育」と呼ぶことについては、今やかなりの規模と広がりのコンセンサスが成立しています——では、近代＝先進的という意味を色濃く含ませて教え込むのです。

いい換えれば、近代より前の時代＝前近代は「後進的」な時代として否定すべきものという教育が、今もなお施されているのです。このことは、明治新政府が中央集権体制を採ったこともあって、日本列島の津々浦々、辺境の分校における教育にまで、見事に徹底されているのです。

洋の東西を問わず、古来、戦の勝者が「歴史を書く」ことは、ごくごく普通のことです。多くの場合、勝者はその戦と戦に至ったプロセスの正当性を説くのです。このことは、中国史においても西洋史においても何ら変わりはありません。戦の勝者がそれを行うことについて、それは誤りだ、間違いだなどということに殆ど意味はないのです。一つには、正義というものにも普遍性がないからなのです。

このように述べますと、正義はいつの時代でも正義であろうと、意外に思い、異議を唱える方も多いことでしょう。しかし、令和に入ったばかりの今、私たちが正義としている価値や思想、行為は、殆どが西欧価値観によって正義とされているに過ぎないのです。正義の基準とは、意外に脆いもので、時にそれは揺れ動くということを知っておかなければならないと考えるのです。

問題は、勝者の書いた歴史は一定期間を経て一度は検証されるべきものであるという宿命ともいうべき性格をもっているということです。人類の歴史を紐解けば、実に健全なことに、どの民族でも五十年、百年という時を経てそれを行っています。ゲルマン民族がヒトラー台頭の歴史を自ら厳しく凝視《みつめ》直したことも、身近な一例といえるでしょう。かつての中国にも、「歴史の評価は百年を経ないと定まらない」という意味の慣用的な言い方がありました。

ところが、一人近代日本人のみが、これを行っていないのです。このことを、私は繰り返し指摘しておきたいと思います。

いや、例えば、広島、長崎への原爆投下という悲劇について、

「二度と過ちは繰り返しません」

と誓っているではないかという反論があるかも知れません。

そもそも、毎年、特に八月になると繰り返されるこのフレーズに私は幼い頃から違和感を抱いていました。

これは実に奇妙なフレーズです。私どもの世代は、幼い時からこの言葉を嫌というほど聞かされて育ち、今も夏になるとこの言葉はメディアを通じて露出頻度が高まります。少年時代の私は、これを唱える日教組の教師に激しい反撥《はんぱつ》を覚えたものです。

このフレーズにいう「過ち」とは、何のことなのでしょうか。原爆投下のことでしょうか。いや、だとすれば、私たち日本人が「繰り返しません」と誓うのはおかしいではありませんか。それを誓う必要があるとすれば、それはアメリカ合衆国国民でしょう。

あの二発の非人道的といわれる殺人兵器を日本人に対して使用したのは、アメリカ人です。裏でイギリス首相のチャーチルが強力にこれを主張し、推進したことは分かっていますが、チャーチルに従って原爆を日本人に使用した直接の「犯罪者」はアメリカ人です。

このことは、明々白々な事実であり、つい昨日のことであって「アメリカ人が原爆を投下した」という事実については、何人もこれを否定することはできません。

いや、この場合の過ちとは、原爆投下を招いた戦争のことをいっているのだとする見解があります。恐らく、このフレーズの解釈としてはこれが主流でしょう。

二度と他国を犯す戦争は止めようというだけなら、私も全く同意です。そもそも一部の狂人のような者と特定の偏った思想をもつ者を除いて、侵略戦争賛成などと考える者がいるはずがないと思っているのです。

ところが、先のフレーズが「原爆投下を招いた戦争」のことをいっており、日本人として二度とそういう過ちを繰り返さないでおこうと誓っているのだとすれば、私たち日本人は人道に反する兵器である原爆の投下は私たち日本人にそもそもの原因があると宣言していることになります。自分たちがあの戦争を仕掛けなければ、人類で初めての原爆投下はなかったのだと。つまり、悪いのは私たちであったと悔いていると理解できます。

もし、あのフレーズの意味するところがそうだとすれば、冗談ではないといいたくなるのです。

繰り返しますが、原爆を投下したのはアメリカ人です。私は、原爆投下だけではなく、東京大空襲も、大阪、名古屋、徳島、青森、富山等々、日本列島各都市への空襲も、武器も何ももたない非戦闘員を無差別に殺戮《さつりく》することを明白に意図して行っている点で、重大な戦時国際法違反であり、「人道に反する重大な戦争犯罪」であると認識しています。つまり、ルーズベルトやトルーマンは、ヒトラーと全く同列の戦争犯罪人であるということなのです。チャーチルを同列に並べるべきことも、論理的に当然でしょう。

因みに、市民への無差別空爆によって死者を一人も出さなかった地域は、四十七都道府県でたった一県のみであるということです。

私が指摘しているのは、米軍による非戦闘員の無差別大量殺戮のことであり、そもそも大東亜戦争に走ったのは何故かという問題とは全く別に扱うべきアメリカの国家犯罪であるということなのです。

即ち、大東亜戦争に走った原因、歴史的背景を具《つぶさ》に検証して世界の後世に資する形で整理、引き継いでいくのは私たちの民族としての責務であり、それに対して原爆投下に代表される戦争犯罪は、独立してアメリカ人とチャーチルが戦争犯罪人として裁かれるべき問題であるということなのです。

ここに、戦の勝者が歴史を書くということについて二つのことが混在しています。そして、それは今もなお全く検証して整理されていないのです。

昭和二十（１９４５）年以降、日本の教育、特に歴史教育を支配してきたのはＧＨＱ（連合国軍最高司令官総司令部）です。この問題は、それこそ今日の私たちの生活、子供たちの学校生活のあり方に直結する問題であり、本書の全編をこれに費やしてもまだ事足りないことなので、ここでは簡潔に述べます。

そもそもＧＨＱとは、日本が受諾したポツダム宣言を執行するために設置された連合国の機関です。では、無条件降伏した日本を管理する最高意思決定機関はどこか。それは「極東委員会」です。

「極東委員会」は、アメリカ、イギリス、ソビエト連邦、中華民国、カナダ、オーストラリア、ニュージーランド、フランス、オランダ、イギリス領インド、アメリカ領フィリピンの十一カ国で構成されました。後に、ビルマ（今のミャンマー）とパキスタンが加わり、十三カ国となりました。この時点で、インドはイギリス領、フィリピンはアメリカ領の、共に隷属国家として参加していることを知っておく必要があります。

この極東委員会とＧＨＱの関係は、極東委員会が決定した対日占領政策を実際に遂行する機関がＧＨＱであるという、いわば上下の関係にあります。組織である以上、明確に上下が存在しなければおかしいともいえます。ところが、これは単なる「形式」であって、実際にはＧＨＱが極東委員会に従ったことはまずありません。このことは、極東委員会の顔ぶれをみるだけで理解できるでしょう。

実質的に日本の占領をすべて執行したのは、ＧＨＱであったのです。その最高責任者がアメリカ陸軍のダグラス・マッカーサー元帥であったことは、如何に令和の日本とはいえ若年層でも名前ぐらいは知っているでしょう。歴史という時間軸の上では、つい数日前の出来事ですから。

マッカーサーは、昭和二十（１９４５）年八月十四日に連合国軍最高司令官（ＳＣＡＰ）に就任し、日本の占領施策を全面的に指揮したのです。これも平時の感覚からすればおかしな話で、極東委員会の下部組織であるはずのＧＨＱのボスは、連合国軍最高司令官であったのです。そういえば、マッカーサーの前任者は誰であったかといえば、「史上最大の作戦」としてお馴染みの「ノルマンディー上陸作戦」を指揮したかのアイゼンハワーでした。

結局、戦争とは「勝てば官軍」であって、どんな組織で誰に何をやらせるかといった事柄も勝者の理屈と事情で行われるものなのです。勿論、このような米軍による日本占領下で行われた事柄も、私にとっては検証の対象であることはいうまでもありません。

斯くして、敗戦後の日本を統治したのは実質的に米軍であり、統治の最高権力者はマッカーサーでした。

奇妙なことに、日本人自身に日本が敗戦によって独立を失い、米軍に占領されていたという意識が殆ど存在しないのです。若者の中には、その事実を全く知らない者すら珍しくありません。このことが、占領軍教育の成果であるといってもいいでしょう。

それにしても、自国が外国軍に占領されていたことを知らないなどという例は、他国には存在しないでしょう。この事実を外国人に一生懸命説明しても、まず信じてもらえません。

調べてみたのですが、一部の人にとっては天皇の人間宣言の方がショックが大きかったようです。国が占領されることより、天皇の身の上に関わることの方が心理的にも影響が大きい…頷けるところもあるのですが、これが天皇原理主義の後遺症というものでしょうか。

敗戦を「終戦」などという言葉に置き換えて事実を正視せず、占領軍を「進駐軍」などといって刺激を和らげようとするなど、占領された日本側が米軍に媚びへつらったのです。

思えば、明治維新といわれるあの時には、やはり卑しいほどの欧米崇拝に狂奔し、大東亜戦争敗戦によって占領されたその後は、再びアメリカ至上主義が社会を覆い尽くすという具合で、占領下で幼少期を過ごした私などは、検証されないままの「官軍教育」と、やはり検証されたことのない占領軍教育とその派生でもある左翼教育に振り回されて、異常な教育を受けて育ったのです。

ほんの一例を挙げれば、「道」の付くものはすべて軍国主義に繋がるという乱暴な理屈で、華道、茶道まで白眼視され、学校教育では柔道、剣道、書道などはすべて禁止されたのです。他国の民族文化などに余り興味も知識ももたないＧＨＱは、「道」という文字はすべて「国家神道」であると誤解していたのでしょう。

また、地域と時期によって大きな差はあるものの、日の丸を堂々と掲揚できなかったことは、占領された民族としては当然であったのです。

事のついでに余談として述べておきますが、アメリカに占領されていた七年間に米兵に殺された日本人は、調達庁の資料を調査した高山正之氏によれば約二千五百名でした。そして、米兵に強姦された日本女性は二万人強とされ、米兵が強姦している現場で日本の警察官が見張り役をしていたという事例は数多く伝えられています。

これら米兵の犯罪や蛮行は、ＧＨＱの厳しい「検閲指針」によって、日本の新聞やラジオは一切文字にも言葉にもできなかったのです。この「検閲指針」に違反すると、米軍の軍事裁判にかけられ、「三年乃至五年の沖縄における強制労働」を科されることになっていたのです。勿論、違反しているかどうかを判断するのは、ＧＨＱです。

思い返せば、新聞メディアは満州事変の頃は何と奔放に活動できたことでしょうか。逆にＧＨＱは、新聞やラジオに、戦時中に日本軍が如何に残虐な行為を行ったかを繰り返し報道させました。このことが、戦後日本人に拭い去れない贖罪意識を植え付け、自虐史観といわれる歴史認識を定着させたことは否定できません。

日本の敗戦直後に副総理格で無任所国務大臣となった近衛文麿は、玉音放送から五日目に早くも「特殊慰安施設協会」を設置しています。この協会は、日本各地に「慰安所」を設置しました。慰安所とは、平たくいえば米兵のための〝売春宿〟です。敗戦国ではありましたが、いわば「国立」の売春宿であったのです。

ＧＨＱの占領政策をアカデミックに論じることは盛んに行われてきましたが、その種の論だけでは敗戦、占領下の実態は分からないのです。敵国に占領されるということは、こういうことなのです。

結局、我が国の近世、近代史は、二度に亘って戦の勝者が書いたまま今もなお検証されていないということになります。先ずこのことが、異常なのです。

大東亜戦争敗戦という民族の悲劇は、その基因を明治維新に求めることができます。昭和維新を解剖し、普通の態度でこの百五十年を振り返れば、両者が直線的に繋がっていることは誰にでも分かることではないでしょうか。その連結軸が、天皇という存在なのです。

尤も、明治維新とひと言でいいますが、そのような名称の事件や政変は日本史上のどこにも存在しません。こういうことも、この百五十年の歴史が全く検証されていないことの一つの証左であるといえるでしょう。それはもはや、怠慢という域を超えており、犯罪的であるといってもいいのではないでしょうか。

このために、国家が独立を失い、異民族に占領統治されるという時代を経てもなお、官軍教育＝薩摩長州史観（薩長史観）は生き続けているのです。私たちは、薩長史観による明治維新とGHQ統治という二つの大きな歴史を検証するという宿題を放置したままなのです。

国を亡ぼすまでに至った二つの維新のことは、高校の日本史が選択科目に追いやられているという学校教育の現状を考えますと、どこかで詳しく、正しく語り継がれなければなりません。

2　誰が天皇を引っ張り出したのか

明治維新、昭和維新という二つの維新が、結局は国を滅ぼしたということを考えますと、それは私たちが天皇をどう位置づけてきたかという問題に突き当たります。

ここで、「国を滅ぼした」という表現について少し回り道をしておきたいと思います。この表現は、意外に大きな問題を孕んでいるのです。

私がこの表現を使いますと、主にネット上で活動する右翼系の人びとから激しい反撥を受けます。

日本は滅んでいないよ、今ここに存在するじゃないか！というわけです。

いつもの「あら探し」が始まったと流しておいてもいいのですが、この種の反撥や脅しは多くのことを考えさせてくれます。

今現在の我が国がどうかといえば、私は実態としては独立国としての資質に欠けていると考えています。形式的な面、つまり、法的にはれっきとした独立国であることには、誰も異議を唱えることはないでしょう。実態と形式…その国に住んで、仕事して、食べて、生きている人間にとっては、殆どの生活シーンにおいて形式よりも実態の方が大事なのです。

しかし、じゃあ、どこかの国で一年ほど仕事して、などと考えたとしたら就労ビザのことも考えなければなりません。このことを考えられるということは、国が国家として国際的に通用する形式を整えているということを意味します。私が難民なら、ビザどころの話ではありません。

大日本帝国は、昭和二十（１９４５）年に形式的に滅亡したのです。大和民族が滅亡したといっているのではありません。

その後日本は、昭和二十七（１９５２）年に形式として独立を回復します。形式の根拠は「サンフランシスコ講和条約」です。

ところが、同時に日米安保が準備されており、実質的にはその後も占領体制とさほど変わらない時代が続き、朝鮮特需だ、高度成長だ、バブルが来た！、失われた二十年だと喜んだり、悲しんだりしている間も政治的な形式は何も変わらず、今日に至っているのです。

本章はもうまとめの章ですから、誰かに忖度したり、どこかの組織を慮《おもんぱか》ったりすることをせず、そのままの話をしますが、それは二つの維新が国を滅ぼして、その結果どうなったかということです。つまり、極めて今日的な話となり、私はまたまたネトウヨの皆さんに恰好の攻撃材料を与えることにもなります。

形式と実態ということを意識しつつ進めるこの話は、敗戦の後、私たちの社会はどうなったかということがテーマとなり、次のような問題を内包した内容になります。

・講和条約と日米安全保障条約の問題
・「平和憲法」といわれる現憲法の問題
・天皇の問題
・新型コロナで右往左往している問題

真剣にお伝えしたい話は箇条書きにできるものではありませんが、紙幅を怖れずにお話ししましょう。

一体誰が天皇を政争の場に引っ張り出したのでしょうか。政争という言葉を「政治」と置き換えてもいいでしょう。

そもそもこれがなければ、水戸学でいう「維新」などというテロを伴う政治的ムーブメントは起きなかったことになります。

話を整理する助けとして、少し復習しておきましょう。

軍事クーデターによって成立した明治新政権は、前時代の「江戸」を全否定しました。自らの正当性をアピールするために、全否定せざるを得なかったのです。

既に指摘しましたが、そもそも「明治維新」という名称の事件や事変、政変は日本史のどこにも存在しません。この名称が、一連の社会変革の総称であることに間違いはありませんが、その核となる出来事は何かといえば、「大政奉還」と「王政復古の大号令」であるとする学者がいれば、「王政復古の大号令」と「廃藩置県」であるとする研究者もいます。どちらも、満点の解であるとはいい難いのですが、間違いであるともいえないでしょう。

いつの時代の政変もそうですが、この国の武力を伴う政変とは、武力を用いたからといって今日ゲームソフトやテレビドラマ、そして、学校教育が語るようにはスッキリとシンプルには進展していかないのです。学校教育が語る幕末動乱史がスッキリと整理されているのは、それが後付けの歴史物語であるからに過ぎません。つまり、それは史実とはかけ離れているということです。

尊攘過激派によるテロ活動によって幕府権威に揺らぎがみえていたとはいえ、元治元（1864）年七月、「禁門の変」に敗れた長州を核とした討幕勢力は完全に追い込まれていました。

ここで岩倉具視と薩摩・長州の討幕派は、苦し紛れに天皇の勅許を偽造するという、我が国の歴史に例をみない犯罪に手を染めるのです。

この事実は、本来特筆されるべき史実です。民族統合の象徴として、民族の歴史そのものとして存在してきた天皇は、いざとなればいつでも政治的に国家の最高権力者たり得るのです。現実に、明治新政権以降の日本近代政権が、憲法まで創って行ったことがこれであったわけです。

そういう存在である天皇の政治的意思を表明する「勅許」というものを、己の政治的野心を遂げるために偽造したのです。この国において、これほどの悪業、大罪が他にあるでしょうか。

維新の三傑といわれてきた西郷隆盛、大久保利通、木戸孝允、過激だけが〝売り〟の下級公家岩倉具視、そして、この偽勅に直接署名した中山忠能《ただやす》（前権大納言）、正親町三条《おおぎまちさんじょう》実愛《さねなる》（前権大納言）、中御門経之《なかのみかどつねゆき》（大納言）が、何故歴史の審判を受けないのか、私には不思議でなりません。

平成三十年、安倍内閣下で公文書の改ざん問題が大きな政治問題となりましたが、この時の「勅諚の偽造」こそ「最高レベルに高度な公文書の偽造」であって、「明治近代」における公文書というものを軽視する政治感覚のルーツがここにあります。

ところが、討幕の勅許を偽造したものの徳川慶喜《よしのぶ》に「大政奉還」という先手を打たれ、討幕派は再び窮してしまいます。「大政」を「奉還」されても、朝廷サイドには行政能力が全くないのです。慶喜に、そこを見透かされたのです。

そこで、今度は幼い明治天皇を人質とした軍事クーデターという荒っぽい手を用いて「王政復古の大号令」を発します。しかし、これも再び佐幕派の反撃にあって、岩倉具視と西郷・大久保たちの徳川幕府打倒計画は完璧に挫折したのです。

このクーデターの主役は薩摩と長州ですが、「大政奉還」の時点で長州藩はまだ公式には「朝敵」でした。一方の薩摩はといえば、そもそも薩摩藩の大勢は、討幕には断固反対だったのです。官軍教育が支配する中で、これらのことは全くといっていいほど語られてこなかったのです。

島津久光を筆頭とする薩摩藩の総意は、天皇が徳川家を将軍に任じ、諸大名がその麾下《きか》に列した以上、討幕を企図することは即ち天皇に対する不義であり、幕府を支えることこそが尊皇であるというものでした。この論理には、政治的な整合性があります。

これは、名分論としては尊皇佐幕そのものであり、大政委任論でもあります。大政委任論については、後で述べたいと思います。

「大政奉還」の直前に薩長芸三藩の出兵協定が密約として締結されましたが、薩摩藩内では反撥が渦巻き、「逆賊の長賊」という言葉が飛び交ったほどでした。藩論が分裂していたというより、西郷・大久保たち討幕急進派が藩内で孤立していたのです。必然として三藩の出兵協定は簡単に崩れ、薩摩藩内には西郷刺殺を主張する声さえ表面化したことを知っておく必要があります。

第二のクーデターといわれる「王政復古の大号令」が発せられた日、慶応三（1867）年十二月九日に開かれた小御所会議は紛糾しました。この時、西郷の漏らしたひと言が会議の趨勢《すうせい》を決したことも、今やよく知られています。

それは、「短刀一本あれば片づく」という、最後は何でも武力に頼る西郷の〝本性〟が発したと思われるひと言でした。

クーデターに失敗した西郷たちは、結局これを、つまり、「短刀一本」を実行することになります。しかし、事が思い通りに進んでいない状況では、その短刀は一本では済まなくなっていたのです。何十本、何百本もの短刀、即ち、軍事力で幕府を倒すという、本格的な討幕戦の意思を固めざるを得なくなってしまいました。

薩摩・長州としては、何とか幕府を戦に引きずり出さなければなりません。ここで西郷の使った手が、後に「赤報隊」と呼ばれることになるテロ集団を組織し、江戸市中及び関東でテロ活動を繰り広げ、幕府を挑発するという、なりふり構わぬ乱暴な手段であったのです。

これは、どこまでも幕府への挑発行動であり、西郷という人間にはその際に「必要な犠牲」となる庶民、市民に対する視線というものが全く欠落しています。要するに、眼中にないのです。この点は、西郷という人間の大きな特徴の一つなのです。

徳川慶喜が、この挑発に乗ってしまったことで、西郷たちは待望の幕府との戦を創り上げることに成功しました。これが「鳥羽伏見の戦い」なのです。

ほんの少し、論理的に考えてみてください。「王政復古の大号令」が成功していれば、西郷は幕府を挑発する必要はなかったはずです。即ち、「鳥羽伏見の戦い」が起こるはずはないのです。公教育も学者も、何故この点を無視するのか、不思議でなりません。

しかし、望んでいた武力衝突であったとはいえ、「鳥羽伏見の戦い」とは討幕勢力にとって決して勝利が確信できた戦ではなかったのです。挑発を担当した西郷にとっても、イチかバチかの思いで臨んだ戦でした。総合的な武力では、幕府側に分があったからです。錦旗《きんき》を偽造し、勅許までをも偽造して臨んだこの戦において、西郷・大久保は、開戦と同時に天皇の逃げ道を準備しています。この逃げ道の事前探査に走らされたのが、後に最後の元老といわれた西園寺公望《さいおんじきんもち》です。

西園寺は、この時数えで二十歳。薩長の兵二百と大砲二門を与えられ、洛北山国荘方面へ走ったのです。京を出たのが、慶応四（１８６８）年の正月五日早朝、西園寺たちは昼の弁当も用意していなかったといいますから、正月三日に開戦した「鳥羽伏見の戦い」という局面で天皇を脱出させるということが、如何に緊急に、非常案件として検討されていたかが分かります。

つまり、西郷たちは、負け戦の覚悟を求められていたということなのです。まるで勝つべくして勝ったかのように語られてきた薩長政権によるこの戦の様相も、どこまでも後付けの歴史物語に過ぎません。西郷はこの時、明治天皇を女装させ、女輿に乗せて山陰道を長州へ逃れさせようとしていたようです。

「鳥羽伏見の戦い」が殆どすべてといっていい討幕戦争とは、それほどきわどい戦であったということです。では、圧倒的に不利であった薩摩・長州に討幕戦争の勝利をもたらし、倒幕を成功させた要因は何であったのでしょうか。

私は、テロリズムと「恭順」という概念、この二つであると考えています。

嘉永七（１８５４）年の日米和親条約締結以降、長州過激派を核とする尊攘激派といわれる水戸学にかぶれた過激派によるテロリズム、具体的には暗殺が大きな効果を上げたことは事実です。特に公家に対しては実効のある脅しとなり、これによって長州は朝廷を意のままに操り、天皇すら政治的道具として利用するという思考を身につけてしまった感があります。桂小五郎（木戸孝允）たちが天皇を「玉」と呼び、「玉を転がす」とか、「玉を抱く」などと平然といい放っていたことが、長州人に許されざる思い上がりがあったことを如実に示しているのです。

つまり、討幕勢力＝明治維新勢力にとって天皇とは、どこまでも「利用する道具」であったということです。このことは、最初の維新＝明治維新の解釈にとって大きなポイントなのです。

しかし、天皇を利用したテロリズムだけで倒幕が成就したかと問えば、それは否でしょう。人類史上もっとも長い平和な時代を成立させた江戸の政治社会システムとは、衰えたりとはいえそれほどひ弱いものではなかったからです。

江戸期とは、特に後期になると百姓、商人階層に至るまで教育熱が燃え盛った時代でもありました。現代令和の子供たちは、その成果は別として学校教育だけに親が満足せず、子供たちは塾通いや習い事に多くの時間とエネルギーを費やし、実に多忙な毎日を送っています。この多忙さだけは、江戸後期の子供たちも全く同じであったのです。

平和な時代であればこその、この庶民レベルの教育熱の高さが社会のベースにあります。そして、それを足場とした学問的な頂点を形成していたのが武家階級でした。読書人階級といってもいいこの武家の間に、古学の系譜を引く国学やその他諸学が高いレベルに達していたという文化的土壌があってこそ「恭順」という現象が雪崩を打って現出したわけであり、この文化的要因が倒幕を成立させた最大の要因であると考えられます。

この「恭順」とは、なかなかセンシティブな言葉であり、概念です。当時の英国公使パークスなどは、これを「降伏」と同義に解釈していたフシがありますが、それを完璧な間違いであると一蹴することはできないものの、二重丸の正解ともいい難いのです。広辞苑には「謹んで従うこと。心から服従すること」とありますが、その通りであって、心底からの敬意、尊崇の念を伴った降伏でないと「恭順」とはいえないのです。

戊辰戦争と呼んでいる戦において、東征軍がしずしずと江戸へ向かっていくだけで、行く手の大名たちは次々と「恭順」しました。この雪崩を打って伝播していった「恭順」という現象こそが倒幕を成立させた最大の要因なのです。

戦争の被害者は少ないに越したことはありませんが、戊辰戦争の犠牲者が内戦というには余りにも少ないことも「恭順」という敗者になる側の文化レベルの高さを背景とした政治姿勢があったればこそなのです。

先に述べましたが、徳川幕府の官学は、朱子学です。しかし、江戸の文化的成熟は、朱子学を否定する古学の普及を容認し、その結果、山崎闇斎や竹内式部の、天皇の神性を強調する天皇原理主義、勤皇原理主義が畿内から西日本を中心に普及し、これが幕末の尊皇テロリズムを生む素地となりました。この思想の初期の担い手が神官たちであったことが、この思想を観念論、原理主義というレベルに留めた要因ではないかと考えられます。

一方、武家は行政の担い手であると同時に、高度に倫理を重視した士道という精神文化の具現者でもありました。流行《はや》りの勤皇思想は、武家にも影響を与えましたが、それは必須の教養として定着したとみるべきでしょう。

尊皇原理主義が生んだテロリズムだけでは倒幕は成立せず、武家の教養としての尊皇意識が作用した「恭順」という概念こそがその成立を可能にしたとすれば、真に皮肉な現象であったといわねばなりません。

いずれにしても、幕府を倒してこれに取って代わった薩長政権とは、古学が創り上げた「復古」を唱え、それ故に「尊皇攘夷」を喚いて「恭順」を引き出して成立した、いわば「復古政権」なのです。

復古にしても尊皇攘夷にしても、その実は討幕戦を勝利するための〝キャッチフレーズ〟、よくいってもスローガンに過ぎなかったのです。討幕という流れを奔流とするためには、簡素なスローガンが必要であったのです。

ところが、これも既に指摘しましたように、派手なキャッチフレーズだけは存在するのですが、幕府から政権を奪ってどのような社会を構築するのかという点については、全く何も青写真をもっていなかったのです。逆に、倒される幕府側には、ディテールはともかく方向感としては既に明確にもち合わせがあったのです。

例えば、イギリス型の議会制度構想もその一つといえるでしょう。

慶応三（1867）年十月、徳川慶喜は「大政奉還」を行うに当たって、形式的ではありますが、その旨を諸大名に諮問しています。西郷・大久保たちが偽の勅許を創って天皇権威を利用してまで「討幕」をオーソライズしようとしていたのに対して、慶喜や幕臣の一群にはその先に対する思考が存在していたということです。

大政奉還という、形式的には徳川幕府の幕引きを図るという重大事を諸大名に諮るという この重要な局面で、同時期に慶喜は西周を呼び出し、イギリスの議会制度についてその仕組みを問い、解説を受けているのです。彼の頭には、アメリカの大統領制とイギリスの議会制度が既に目指すべき一つの政体として存在したことは、多くの研究者によって指摘されている通りです。平成二十七年に対談させていただいた、徳川慶喜研究家としても知られる大庭邦彦氏もその一人です。

慶喜にイギリスの議会制度について進講した西周《にしあまね》とは、福澤諭吉や津田真道《まみち》らと並ぶ、幕末から明治にかけての我が国を代表する知識人の一人でした。石見《いわみ》津和野藩出身で、京でテロの嵐が吹き荒れていた文久二（1862）年に幕命を受けてオランダへ留学しています。津田真道も榎本武揚も、この時の留学生仲間です。

西という人物をひと言で何者と表現することは、かなり難しいことです。福澤と同じように「啓蒙思想家」と称されることがもっとも多いと思われますが、彼は法学者でもあり、哲学者でもあり、経済学者といってもよく、万国公法に精通した外務官僚でもありました。

　そもそも、「哲学」や「知識」「概念」という訳語を創ったのは西であり、その他「芸術」「心理学」「意識」「命題」、更には「帰納」と「演繹」なども同様で、今日の私たちは物事を思索する上で西の創った言葉に大いに助けられているのです。

　一方で、かの「明六社」創設メンバーの一人として、漢字かな交じりの日本語廃止を唱えたり、後々まで帝国陸軍軍人にとって軍人精神のバイブルとなった「軍人勅諭」を起草するなど、西という人物は特定の一つ、二つの事績で評価することのできない〝難解な〟人物であったといえるでしょう。即ち、画一的な切り口で彼を分析することは危険なのです。

　いずれにしても、彼が高度なレベルの知識人であったことは紛れもないことです。ただ、私にはその思考の軸が若干ドイツに傾き過ぎているようにも思えます。

　倒される幕府側に存在したという、次の時代の青写真の事例としては、小栗《おぐり》上野介《こうずのすけ》忠順《ただまさ》の郡県構想も忘れることはできません。

　小栗の郡県制とは、いうまでもなく藩を廃止し、日本国を幾つかの郡に分け、更に郡は幾つかの県で構成されるという中央集権体制です。つまり、小栗を殺した明治新政府が、その直後に目指した中央集権体制の青写真となったものなのです。

小栗といえば横須賀造船所、それもそのハード面である施設、設備のみが注目されますが、確かにその後百三十年にも亘って無事に稼働し続けたそのタービンの優秀さは驚異的であるとはいえ、この造船所に初めて導入された労務管理、マネジメント上の施策はもっと注目されていいものではないでしょうか。

小栗は、我が国で初めての就業規則や年功給を設けた給与規定を導入したのです。このようなソフト面の事績は余り目立ちませんが、これは小栗の優れた行政能力を裏付けるものであり、我が国最初の株式会社システムを導入した築地ホテルの建設や兵庫商社設立も同様の事例です。

余談ながら、我が国最初の株式会社というと、坂本龍馬の亀山社中という全く根拠のない俗説が根深く生きていますが、典型的な〝死の商人〟として幕末日本の殺し合いを演出したグラバー商会の単なる下請けとして薩摩と長州の間を、密輸入した武器を中心とした物品を運んでいただけの亀山社中とは、概念としても株式会社でも何でもありません。

明治維新至上主義者の司馬遼太郎氏は、幕臣小栗を称して「明治の父」といいますが、確かに小栗は徳川という一つの政権の枠を超えた国家人でした。ただ、司馬氏が小栗を「明治の父」と讃えるのは、明治維新絶対主義の立場からいっているに過ぎないことは明白です。

明治新政府の重鎮にして新政府の中では唯一といえるバランス感覚に秀でた政治家であった大隈重信は、

「我々の行っている近代化というものは、小栗上野介の模倣に過ぎない」

と公言して憚らなかったのですが、これは大隈の妻が小栗の親族であることに因る身びいきの言などではありません。明治新政府の中心人物の一人に育った大隈は幼少期から小栗に近いところに位置し、小栗に感化されて育った一面があるとみるべきでしょう。

日露戦争時の聯合艦隊司令長官東郷平八郎が、戦後自邸に小栗の遺族を招いて横須賀造船所建設について謝意を述べたことは余りにも有名です。

また、幕臣大鳥圭介は、

「小栗の屋敷へ行くといつも世界情勢のことばかり聞いてきた」

と証言しており、小栗の先見性を示す事例は多々存在します。

結局、明治の近代化などといいますが、それは殆ど小栗を中心とした幕臣たちの描いていた青写真に拠るものであり、幕府の残したインフラや流通、通信などを含む社会システムに頼ったものであり、何よりも江戸期庶民の高い教育レベルに支えられたものであって、決定的には幕臣の政権参加によって可能となったものであったのです。

これに対して、ただ「関が原」の怨念に衝き動かされて討幕テロに走った薩摩・長州勢力が〝名分〟として喚いたのが、「復古」であり、「尊皇攘夷」という、単純で分かり易いキャッチフレーズでした。

しかし、これはどこまでもキャッチフレーズかせいぜいスローガンと呼ぶべきレベルのものであって、繰り返しますが、彼らは、幕府を倒してどういう社会を創るのかということについては何のグランドデザインも描いていなかったのです。

これまで語られてきた明治維新解釈がこのことを隠蔽していることは、もっとも罪深いことの一つであることを強調しておきたいと思います。

振り返れば、老中主座阿部正弘の決断によって徳川幕府は歴史的な対外政策の大転換を行い、対外協調路線に踏み切りました。

更に、大老井伊直弼は、徳川政権に委ねられていた「大政委任」という政治的なスジを通して、阿部の決断を政治の現実として確立させました。その間、阿部の残した優秀な幕臣官僚たちが、帝国主義を掲げる欧米列強と激しくわたり合って、近代日本の礎を必死に構築しつつあったのです。

この足を引っ張ったのが、「復古」「復古」と喚いて、「尊皇攘夷」というスローガンだけで徳川政権から積年の悲願として政権奪取を図った、いわゆる勤皇勢力、尊皇攘夷派、即ち、薩摩・長州勢力であったのです。

実は、尊皇攘夷派にとって、政権を奪取する上でもっとも邪魔になったのが孝明天皇の存在であったことに留意しておく必要があります。

孝明天皇という人は、もともと〝毛唐嫌い〟で知られています。同時に、頑迷なまでの大政委任論者であり、何よりも「復古」が嫌いでした。「復古」を喚く勢力が大嫌いであったともいえます。

このような事実から、孝明天皇の暗殺説が生まれ、これをまるで推理ドラマの謎解きのように詳述する書籍が数多く世に出るに至ったのです。

孝明天皇暗殺説の真偽については、ここでは著しく本旨から外れますので一切触れませんが、少なくとも「禁断の～」とか「～秘史」などと銘打ってまるで大スキャンダルが発生したかのような印象を売りにする〝歴史書〟には細心の注意を払うべきであることを申し添えておきます。孝明天皇暗殺説の真偽に結論を出そうとするなら、孝明天皇陵の発掘調査を行うしかないでしょう。

大切なことは、「復古」という薩摩・長州のスタンスが「天皇原理主義」を生むことになったという点であり、現実に「明治近代」はそういう国家になったということです。「復古」というキャッチフレーズは、水戸学の精神からすれば当然の帰結として生まれました。先に一節を設けて述べましたその水戸学とは、十二～十三世紀に中国で興った宋学を十八世紀にもなって無理矢理我が国の政治体制に押し込めるように当てはめた代物でした。

具体的にいえば、宋学にいう「尊王斥覇」の「王」に天皇を当てはめ、幕府を覇王と位置づけたのです。北方夷敵に苦しめられ続けた宋という王朝の政治環境、対外環境を無視し、まるで言葉遊びのように「尊王斥覇」という言葉と考え方をもち込み、流布させたのです。

　これによってこれまで政治的には平穏な存在であった天皇が、俄かに政治的色彩を帯びることになったのです。特に、長州の吉田松陰に代表される若者が水戸学にかぶれて過激な主張をアジテートするに至り、「尊皇テロリスト」とも呼ぶべき暴徒が京に溢れたのです。

　更に遡れば、山﨑闇斎、竹内式部の説いた勤皇論がその背景にありますが、行き着いた先が「天皇原理主義」であったという点が何よりも重要なのです。

　最後に、大政委任論とその背景について、付言しておきます。

　大政委任論とは、幕府が国内支配の正当化のために主張した理論で、将軍は天皇より大政（国政）を委任されて日本国を統治している、とする考え方であるとされています。その通りなのですが、この背景には徳川家康の〝チョンボ〟ともいうべき失敗があったのです。家康の不覚というべきでしょうか。

　これを、次節で簡単に説明しておきたいと思います。

3　家康の不覚

日本学術会議の会員任命問題が政治問題となったことは、まだ記憶に新しいところです。菅首相が一部の任命を何故拒否したのか、それは学術会議側も野党もメディアもよく分かっているはずだと思っています。にも拘わらず、学問の自由を侵害しているなどとして双方が建前論争を繰り返しています。

どっちもどっちということの問題に深入りすることはここでは避けますが、学問の自由ということを純粋に考えれば、今の学術会議にそれがあるかと問えば、それがないことが根底の問題の一つなのではないでしょうか。

江戸期に「学問の自由」などという言葉は存在しませんでしたが、江戸末期、「徳川近代」と呼ぶべき時代になると、幕府は結構自由にさまざまな学問を認めていました。認めているという表現そのものに抵抗がある方も多いことでしょうが、少なくとも一切統制を行わなかったのです。このことが幕府の倒された基盤要因でもあったわけです。

今でも多くの人が誤解しているようですが、江戸時代＝徳川時代という時代は、徳川家がすべての権力を一手に独占していた中央集権体制の社会ではありません。各藩はそれぞれ軍事力も経済力も保有しており、いってみれば分権体制の時代でした。

言葉を換えると、この時代は大名の連合体によって成り立っており、そのリーダーが徳川家であったということに過ぎません。徳川家と各地の大名との間に、主従関係は存在しないのです。

徳川政権を倒した薩摩・長州政権（明治政権）が中央集権体制を採ってすべての権力を独占し、徳川政権を全否定したところから、今だに江戸期の体制は誤解されたままなのです。

この点は、江戸期理解の大きなポイントであり、盲点になっていることがある気がします。

江戸体制が大名の連合体であったとしても、その中で徳川家が最強であったから連合体のリーダーたり得たのです。

初歩的な確認ですが、初代徳川家康は朝廷＝天皇に任命されて将軍の地位に就いたわけではありません。つまり、「将軍になれた」のではなく、前権力であった豊臣勢力を力で倒して「将軍になった」のであって、話は真逆なのです。将軍の地位を勝ち取ったのです。また、「将軍」という名称にこだわる必要も、軍事的、政治的にはなかったはずです。この時、天皇はその地位を家康に「保全してもらった」というのが実態でした。天皇を生かすも殺すも家康の肚《はら》一つであったといっていいのです。ただ、家康はそうしなかっただけなのです。

遡れば、豊臣秀吉も織田信長も同じであって、天皇という存在を廃することなど簡単にできる力をもちながら、それをしなかったのです。このことは、大和民族が脈々と受け継いできた天皇観に繋がる意識も影響していたと考えられます。

信長、秀吉の傍にいて権力というものの盛衰をみてきた家康は、力で勝ち取った権力が別の力によって滅ぼされる可能性のあることを十分認識していたはずです。

そこで家康は、「元和偃武」という国家コンセプトともいうべき思想を徹底すると共に、儒教思想を導入します。この二つの思想によって、徳川体制の永続化を図ったわけです。

「元和偃武」とは何でしょうか。

近代日本は、たかだか百五十年程度の時の流れしか経験していませんが、近世は、江戸時代だけでもそれより百年以上長かったのです。そして、元和年間以降は対外戦争はもとより、国内においても一切戦というものを許していないのです。

具体的には、「大坂夏の陣」で豊臣宗家を倒すと、徳川幕府は元号を「元和」(元年＝1615年)と改めました。「元和」という言葉そのものが、「平和」を意味します。これは、ようやく長い戦乱に終止符が打たれ、ここから天下は安定、平和に向かうという、徳川が天下に発した「平和宣言」でした。歴史的には、これを「元和偃武」と呼んでいます。

偃武とは、中国の古典に由来した言葉で、「武を偃《ふ》せる」、即ち、武器を倉庫に収めることを意味します。つまり、戦の停止、戦争放棄を宣言したものなのです。

この「元和偃武」という平和宣言ともいうべきフレーズ自体は、後世にいわれたものですが、とにかく政権も人びとも長らく続いた戦乱の時代＝乱世にうんざりしていたのです。もういい、もういい加減にして欲しいという怒りや悲しみを含んだ時代の気分が充満していたのです。

この気分は、秀吉の時代から熟し始めていました。秀吉は「惣無事」を宣言し、公儀(豊臣政権)が認めない戦、武力行使を一切認めないとしました。天下に戦闘の停止を求め、私戦を禁止したのです。秀吉の小田原攻めや奥州仕置きは、秀吉の認識に従えば、北条一族や伊達政宗が「惣無事」に反する行動をとったことが原因となっています。

同時に秀吉は、「喧嘩停止令」「刀狩令」「海賊停止令」を発し、「惣無事」を盤石なものにしようとしました。

「喧嘩停止令」は、村と村の争い（争論）を意識したものです。「刀狩」も、「争論」という名の村と村の殺し合いを繰り返す百姓から武器を取り上げることを目的としたものであったのです。

家康は、秀吉の「惣無事」を更に推し進めて「元和偃武」と呼ばれることになる平和宣言を発したのです。

幕末に至るまで直参が常に意識した東照神君徳川家康の遺訓があります。

―今天下の執権を天道よりあづけたまへり。

政道若邪路にへんずる時は、天より執柄《しっぺい》

たちまち取りあげ給ふぞ―

自分は天道から天下を預かったのであって、もし自分たちが道を誤り悪政を行えば、天はたちまちそれを取り上げてしまうだろうと警告しているのです。

そんなものは単なる建前に過ぎないと、例によって〝斜に構えて〟一笑に付す向きも多いことでしょう。しかし、建前であったとしても、「神君の遺訓」が幕府のみならず各藩に至るまで治世の重しの役割を果たしていたことは紛れもない事実なのです。

これが、徳川政権の永続化によって何が何でも平和を維持しようとした徳川政権の基本思想の一つなのです。

もう一つが、儒教思想の導入です。その中でも特に「秩序」を維持することを重視する朱子学を官学としたのです。

先の家康の遺訓とされている文章の中で、家康は「天道」という言葉を使っていますが、このことは非常に重要です。

思い切り簡略化して述べます。

儒教では、「天の徳」を体現する存在が皇帝であり、天子であるとし、これによって正当な王朝が成立する。皇帝＝王朝が「天の徳」を失えば、その王朝は滅び、新たな徳を体現する存在にとって代わられるとします。これが、所謂「易姓革命」と呼ばれる考え方です。この考え方によって、中国では王朝交代が繰り返されてきたわけです。

では「徳」とは何でしょうか。

ひと言でいえば、これは「道徳的な価値」「倫理的な価値」に過ぎません。統治する力とは無関係なのです。そして、「徳」を有しているか否かを判断するのは「天」なのです。家康が「天道」と表現したのが、この「天」なのです。家康は、徳川家の永続化を図る意図で、武家政権が纏うイデオロギーとして仏教に代わって儒教思想を導入し、定着を図りました。中でも朱子学を官学としたのは、これが徹底して現状の秩序を重んじる思想であったからです。現状の秩序に真理は宿るとするのが、朱子学の基本なのです。

ところが、家康は余計な一手を打ってしまいました。これこそが、家康一生の不覚、というばかりか、この国のあり様を決してしまう事態を生み出してしまうのです。徳川政権の永続化はこの施策で万全だと思ったのでしょうか、家康に一種の余裕が生まれたとしか思えないのですが、家康は天皇から征夷大将軍に任じられるという「体裁」を採ったのです。

この時点で天皇家は、徳川政権が庇護してはじめて生き延びられるという、何の力もない存在でした。余裕というより、家康の人の良さが出てしまったとも考えられます。「天」を設定したが故に、実態としては絶対的な権力をもつ徳川政権の位置づけが相対化されてしまい、天朝から征夷大将軍に任命されたという形式がそのことを裏づけてしまったのです。

この経緯を述べるには、既述しました山崎闇斎、竹内式部らの勤皇思想の広がり、平和な社会が持続した結果としての経済発展、文化的成熟、そして、朱子学を否定する古学の隆盛、更には水戸藩の特殊な位置づけと水戸光圀のかぶれ思想が生んだ水戸学の危険性等々に触れる必要があるのですが、それらについては概略を述べてきた通りです。

天明八（1788）年、老中松平定信は後の「大政委任論」となる見解を公にしました。幕府自身が、徳川政権の統治権の源泉として天皇家を幕府の上位に位置づけざるを得なくなったのです。

遡れば、実に皮肉な話ではないでしょうか。

どこまでも平和な社会を希求し、徳川がそれを永続的に保証するために用いた儒教的道徳観。その体裁をより見栄え良くするためだけに行った天朝の権威付け。この仕組みの中に反幕府勢力を生み出す種子を幕府自身が埋め込んでいたということになります。

織豊時代以降の権力闘争の流れでいえば、徳川政権は天皇家を廃絶することなど容易にできたはずです。現代からは想像し難いでしょうが、それを断行していてもさほどの違和感はなかったでしょう。しかし、徳川は敢えてそれをせず、逆に天皇という存在を天下に引っ張り出したともいえるのです。

幕末に至って長州・薩摩は、天皇をテロリズム展開の理由づけに利用しました。その意味では、天皇を政治のフィールドに引っ張り出したのは、討幕勢力です。

ところが、水源を求めるように淵源をさぐっていけば、それは徳川自身であったといえるのです。

壮大な皮肉というべきでしょうが、一番の被害者が、天皇その人であったかも知れません。

4　生き続ける「長州型」政治

昭和二十一（1946）五月三日、大日本帝国の戦争指導者を被告として裁く「極東国際軍事裁判」（東京裁判）が開廷、東条英機元内閣総理大臣をはじめとする28名の審理を開始しました。これは、一審制の軍事裁判です。

勝者が一方的に敗者を裁くという点で、とかく問題にされてきた裁判ですが、日本は昭和二十七（1952）年、対日平和条約（サンフランシスコ講和条約）を発効させ、その

第十一条によってこの裁判（判決）を公式に受諾したことになっています。

ただ、この第十一条の解釈について、「裁判」を受諾したのか、（その結果としての）「判決」を受諾したのか、訳語をめぐって今もなお議論があります。

その後の議論も含めて、日本人がもっとも強い関心を寄せ、注目したのは「天皇の戦争責任」ということでしょう。何せ昭和天皇は、「大元帥」であったのです。それ故に、陸軍は事あるごとに「統帥権の干犯である」などと主張してきたわけですから。

この裁判で、「天皇の戦争責任」をもっとも強硬に主張したのはオーストラリアと中国、イギリスは殆ど興味なしといった具合に各国の足並みが揃わない中で、アメリカは裁判開始前に既に天皇の戦争責任は問わないことを決めていたのです。

なお、マッカーサーは、この裁判そのものに反対しています。戦争を犯罪として裁くこと自体に反対していたのです。

アメリカの対日関係者は、天皇を中心とした日本の国情をよく勉強していたと感じます。天皇の戦争責任を追及した場合、日本という国はどうなるか…高まる共産主義への危機感から彼らは終始「政治判断」を優先させていたのです。

主席検事キーナンは、東条英機に何度もリハーサルをやらせました。そして、東条の発言が天皇の戦争責任を追及する論理に乗らないように、徹底的に指導した上で裁判に臨ませたのです。リハーサル中、東条は何度もキーナンに厳しく叱られたということです。

そして、新聞メディアはこの裁判を機にまたまた豹変し、戦争礼賛的な戦前の論調から、一転して今度は後の自虐史観の担い手になるほど、論調のトーンを急旋回させていったのです。

社会の価値観までが崩壊し、人びとが思考の基準まで失おうとしている中で、何も変わらなかったのが官と民（財閥、経済勢力）の癒着によって成り立つという政治スタイルでした。これだけは見事に、明治維新の産物として昭和維新で更に強化され、国が滅んでも生き続けたのです。

改めて思いますが、凡そ私たち現代日本人ほど自国の歴史を知らない民族というのも、世界的にみて珍しいのではないでしょうか。

何故そうなったか。その〝戦犯〟を挙げろといわれれば、それははっきりしています。文部省（文部科学省）です。

私どもの少年期から既にその芽はあったのですが、中学・高校の歴史の授業とは、歴史事象を時系列に並べて簡単に解説していくだけでした。生徒は、年号を暗記することに最優先のエネルギーを費やさざるを得なかったのです。

そこへ追い打ちをかけるように、平成六（１９９４）年から高校では世界史は必須科目、日本史は地理との選択科目となりました。本来、逆でしょう。我が国の文部科学省とは、そういう役所なのです。

因みに、我が国最初の文部大臣は、薩摩藩出身の森有礼《ありのり》です。啓蒙学術団体ともいうべき「明六社」を結成して初代代表を務めた森は、一面で急進的な西欧模倣主義者であり、「明六社」設立以前に英語を国語とすることを提唱していました（国語外国語化論）。彼はこの時、イェール大学のウイリアム・ホイットニーに意見を求めていますが、ホイットニーの方が、日本語のローマ字化に留めるならともかく、日本語の廃止には強く反対しました。西欧人の反対がなければ、この薩摩人は本当に日本語を廃止していたでしょう。

述べてきました通り、明治新政権とは「復古政権」です。建前ではあっても「復古」をスローガンとして成立した政権が、西欧を神のように崇めたのです。真に奇妙といえば奇妙な政権なのです。

復古という主張の愚かしさを示す「天誅組の変」という、実に無意味な争乱のことに再度触れておきます。昭和維新の青年将校たちから、まるで天誅組の亡霊のような印象を受けるのは、私だけではないでしょう。

それは、文久三（1863）年のことでした。

久留米藩真木和泉という狂気の復古主義者の発議といわれていますが、長州過激派が三条実美などの長州派公家を操り、孝明天皇の神武天皇陵参拝をぶち上げたのです。

孝明天皇が大和へ行幸され、神武天皇陵を参拝した上で「攘夷の断行」「天皇親政」を宣言するというもので、これを詔勅として発したのですが、勿論、これも当時尊攘激派が乱発した偽勅の一つです。

これを受けて、土佐脱藩の跳ね上がりともいうべき吉村寅太郎ら約四十名が、過激だけが売りの若輩公家中山忠光（当時数えで十九歳）を担いで挙兵したのです。

天誅組は、大和で挙兵し、天皇の「大和行幸」を迎えようという名分を立てたのですが、勿論、朝廷は先に挙兵し、大和で迎えてくれなどと頼んでもいません。このあたりの言い分は、マンガチックでもあります。若干不謹慎な言い方になりますが、原理主義者というものは、どこかマンガチックな面があります。

天誅組は、南大和七万石を管轄する代官所である五条代官所＝五条陣屋を襲撃、代官の鈴木源内以下を惨殺しました。

この時、襲われた五条陣屋はどれほどの〝戦力〟をもっていたのでしょうか。結論からいえば、殆どゼロでした。

七万石という規模の領地なら、これが藩（大名領）なら、家臣団は二百～三百名というところでしょう。ここへ、藩士の一族郎党から戦力となる者が加わりますから七、八百の戦力動員は不可能ではないでしょう。

では、五条陣屋はどうであったかといいますと、代官の鈴木源内以下、「手付」「手代」を含めて官吏総勢で十四名であったといいます。日頃はたったこれだけの人数で、七万石の領内の行政、司法すべてを担当していたのです。

代官同様「手付」も幕府直参ですが、御目見得以下の者、即ち御家人が多かったのです。これも江戸から赴任してきますが、「手代」は現地採用です。

現地の百姓から選抜されるのが、仕組みとしての「手代」であり、従って陣屋の役人とはいえ、元は百姓なのです。非常に厳しい試験を通ってくるので、学問のできる者が揃っていました。百姓とはいえ、大小を束ねており、十手をもっているほか、通常小者が二～三人付きます。馬に乗ることも許されており、騎馬で領内を巡察する様は、大名領なら百石とか二百石取りの武家と変わりません。唯一違いがあるとすれば、槍をもつことを許されていなかったことくらいでしょう。

それにしても、七万石で十四名とは何と無防備なことか。これでは、戦力という見方をすれば、小者を含めても二十名前後にしかならなかったはずです。しかも五条陣屋の場合は、領内に山深い、あの十津川村などを抱えており、石高の割に領内は広大な山地であったのです。

しかし、この規模は、何も五条陣屋に限ったことではなく、天領を管轄する代官所というものは、どこでも大体このような規模でした。この規模で、行政全般、司法のみならず、もっとも重要な防衛＝軍事をすべて担当するのです。今の霞ヶ関の官僚や地方自治体の職員なら、一笑に付してその事実を信じないでしょう。

別の見方をすれば、天領には「サムライ」の数が極端に少なかったということです。天領とは、それで済むほど平和で、平穏な土地であったともいえるのです。

天誅組は、代官鈴木源内、手付長谷川岱助《たいすけ》以下五名を惨殺、その首を晒しました。手代も含まれています。

天誅組を五条陣屋襲撃へと導いたのは、乾十郎という男です。医者ということになっていますが、医者としては殆ど知識も技量ももち合わせず、按摩《あんま》をやりつつ医者の真似事をやっていたようです。

乾は、儒学を森田節斎に、国学を梅田雲浜《うんぴん》に学びました。地元五条に生まれ、かなりの秀才であったようで、陣屋の手代に欠員が出るなどのめぐり合わせでもあれば、取り立てられても不思議ではなかったほどの学識をもっていたといわれています。

なお、師の森田節斎も五条の生まれで、森田の師は、頼山陽です。五條市では今もなお、「幕末五条の三傑」といって、この乾十郎と、天誅組の井沢宜庵、そして、森田節斎を顕彰していますが、こういう事実も、現在が依然として薩長政権そのままの時代と変わっていないことを如実に示しています。五条という地域社会への貢献を顧慮して顕彰するならば、先ずは代官の鈴木源内ではないでしょうか。

新政府成立後、乾は何と正五位を贈られています。そして、「天誅組の変」を「維新の魁《さきがけ》」などと美称したり、維新の導火線になったなどと高く評価する向きもありますが、それは稚拙な誤りです。どうみても、明治維新との間でさえ意味的な繋がりを全くもたないのです。

「天誅組の変」とは、ひたすら御料地（天領）の平穏のみを願っていた善政家代官鈴木源内以下の五条陣屋を一瞬にして地獄に落としただけの、無意味なテロであったに過ぎないのです。

これは、勤皇思想の過熱、暴走が生んだ泡のようなもので、どこまでも俗世の政権簒奪《さんだつ》戦を勝ち抜くための建て前です。動乱に関わった末端の者には、この建て前をそのまま、強いて好意的にいえば純粋に信じて、暴虐の所業を正義と信じて行った者が多数存在したということとです。別の言い方をすれば、これが原理主義の恐ろしさと愚かさでしょう。昭和維新の青年将校が、まさにそうだったのです。

福澤諭吉は、権力は必ず腐敗すると断言しました。この言に普遍性があるとは思いたくはないのですが、天誅組のような跳ね上がりを生んだ原理主義を方便として成立した復古新政権は、この後、福澤のいう通り絵に描いたように腐敗していきます。主役は、やはり長州閥でした。

「透き通った、格調の高い精神で支えられたリアリズム」とは全くほど遠い政争と腐敗。この新政府の醜悪な姿が、維新クーデターの武闘派リーダー・西郷隆盛に「怒りの口実」を与えたのではないかと思えるのです。

福澤諭吉による『明治十年丁丑公論《ていちゅうこうろん》』は、次の緒言から始められています。

—凡そ人として我が思う所を施行せんと欲せざる者なし。
即ち専制の精神なり。
故に専制は今の人類の性と云うも可なり。
人にして然り。
政府にして然らざるを得ず。
政府の専制は咎むべからざるなり。
政府の専制咎むべからざると雖《いえど》も、之を放頓すれば際限あることなし。
又これを防がざるべからず。
今これを防ぐの術は、唯これに抵抗するの一法あるのみ。
世界に専制の行わるる間は、之に対する抵抗の精神を要す。
その趣は天地の間に火のあらん限りは水の入用なるが如し—

つまり、人が権力を手にすれば専制に陥るものであり、それは仕方がない、但し、それを放置すれば際限がないので、大切なことは抵抗すること、抵抗の精神をもつことである、というのです。

思想啓蒙家として誰もが知る福澤の「本性」は、武家のそれであり、彼の啓蒙思想は武家的精神に支えられています。このことは、意外に軽視乃至は無視されていますので、注意を要します。

明治復古政権は、確かに腐敗していました。特に成立時から前期は、汚濁にまみれていたといっても過言ではありません。

新政府の腐敗の実例として、別の書き物で幾つかの詳細を整理しました。それらは、今日の政権、政治家や企業人の腐敗、倫理観の欠落のルーツであるという点で、特に重要な史実なのです。

山城屋和助事件
尾去沢銅山事件
小野組転籍事件

右の有名な事件は、いずれも「長州汚職閥」と呼ばれる長州人による醜悪な汚職事件、権力犯罪です。

これに絡んでいた者は、木戸孝允、山縣有朋、井上馨《かおる》、槇村正直などですが、彼らは政治権力が金になることを見事に示してくれました。

特に井上馨は、その醜悪さにおいて歴史上彼の右に出る者はいないでしょう。彼のパートナーは三井です。

また、明治になってからの木戸は、井上以下の〝子分〟の犯罪のもみ消しに奔走していました。とても、内政のことなど考えているヒマはなかったのです。

なお、木戸のもみ消し作業には、かの渋沢栄一も協力しています。

「維新の三傑」などといわれてきた木戸にしてこの有様なのです。「明治は清廉で透きとおった公感覚と道徳的緊張＝モラルをもっていた」（司馬遼太郎氏）とは、一体どこをみた論でしょうか。明治は、少なくとも初期から前半にかけては腐敗し切っていたのです。

これらの醜悪な権力犯罪が問題となった時期は、「違式詿違《いしきかいい》条例」が施行され、「文明開化」の大合唱の中、庶民がこれまでの風俗まで「野蛮だ」「非文明だ」と決めつけられて西欧化を強制されていた時期と重なります。

実態は、何でも西洋風を強制していた、長州人を中心とした明治新政府首脳こそが、西洋人が知ったら驚愕するような腐敗の権化ともいうべき存在であったのです。

すべては明治前半だけのことと誤解されても困りますから、ここでは大正の事例も挙げておきましょう。

先に三つの事件の名称を挙げましたが、明治維新以降の我が国の政官界では日常的といってもいいほど、汚職事件が発生しているのです。

明治維新を遂行し、近代の幕を開いたとされてきた「勤皇志士」たちの殆どが大倉、三井、三菱などの政商と驚くべき不適切な関係をもち、多くの場合、双方が具体的な利益を手にしてきたのです。

その後の代表的な一例として、大正三（1914）年に発覚した「シーメンス事件」があります。

これは、ドイツのシーメンス社が日本の海軍高官へ多額の賄賂を贈っていたという事件で、これによって、第一次山本権兵衛（薩摩）内閣は崩壊しました。

この事件では、ドイツの司法裁判所が海軍関係者を実名で公表していますが、例えば藤井光五郎機関少将（福本藩）は、軍艦一隻につき5パーセント、その他の発注については2・5パーセントのコミッション（実質はリベート）を受け取っています。この料率は、慣例として決まっていたのです。つまり、代々の海軍高官は、軍艦を購入するたびに高額の賄賂を受け取る仕組みができていたということなのです。

即ち、代理店となっていた日本の政商にとっても政治、軍備、更には戦争は儲かるということであり、このことを成立させた政治スタイルを、私は「長州型」と呼んでいます。そして、それは明治維新という出来事がなければ成立していなかったのです。

昭和七（１９３２）年に五・一五事件、昭和十一（１９３６）年には二・二六事件が勃発、昭和八年には、日本は国際連盟を脱退しています。

これらについては先に述べましたが、二つの事件は、共に天皇絶対主義者の青年将校たちが首謀したクーデター未遂事件でした。彼らは、「昭和維新　尊皇斬奸」をスローガンに、明治維新への回帰を意味する「昭和維新」の断行を昭和天皇へ直訴しようとしたのです。

あの時、彼らは、「尊皇斬奸」の「奸」に政治家や天皇側近だけでなく、「財閥」を入れたはずです。農村が疲弊する一方で、財閥が政治家と組んで不正な利益を上げている…彼らのこの主張だけは誰もが納得できたのです。

前述したシーメンス事件で三井に買収された軍人は、

松本和中将　懲役3年追徴金40万9800円
沢崎寛猛大佐　懲役1年追徴金1万1500円
藤井光五郎少将　懲役4年6カ月追徴金36万8306円5銭

これに対して、軍人を買収した三井側には、結構な人数の「犯罪人」がいたのですが、山本条太郎（後の政友会幹事長、満鉄総裁、貴族院議員）以下、殆どが執行猶予付きでした。

奇妙なことに、三井物産社長の三井八郎次郎には明白な物証があるにも拘わらず、検察は手をつけなかったのです。益田孝にも手をつけませんでした。時の検事総長は、後に首相に就任、更にA級戦犯として終身禁固刑となった平沼騏一郎《きいちろう》です。三井と井上馨は、明治維新以前から繋がっています。井上や山縣有朋を抜きにして三井の発展はあり得ないのです。

白洲正子は、何故幼い頃から高価な美術品に囲まれた生活ができたのでしょうか。それは、祖父が樺山資紀《かばやますけのり》（薩摩）、母方の祖父が川村純義であったからです。

このように権力欲、金銭欲に支配され、汚濁にどっぷり浸かった政権と三井。この関係には、まだまだ醜悪な部分があり、ここでは語り尽くすことなどとてもできません。

徳川幕府を倒した中心勢力である長州閥が行ったこのような政治を「長州政治」とすれば、今日まで生きているこの政治スタイルは「長州型政治」と呼ぶことができるでしょう。官が特定の民に便宜を図り、双方が利益を得る。この「長州型」政治スタイルがあって対外侵出に没頭する軍国日本が現れ、敗戦を経てもなおこの政治形態だけは生き続けていることは、今の政権、前の政権の姿をみれば明白でしょう。

神性天皇は象徴天皇に変わりましたが、政治スタイルは何も変わっていないのです。

終章　一兵卒の戦と母の教え　～隷属国家の未来～

「徳川近代」という近世国家から近代国家への時代の転換期を担った時代と政権は、実に興味のある時代であったと思います。

特に、阿部正弘政権が徳川初期以来の閉鎖体制を解いて、国際協調路線ともいうべき対外政策を採ったことは日本史上の画期的な出来事であったのですが、これが軽視または無視されていることは文部科学省と歴史教育関係者の怠慢というべきでしょう。

歴史に「たら・れば」は禁物ですが、この時代があと十五年、いや、せめてあと十年続いていたら、小栗忠順《ただまさ》、川路聖謨《としあきら》、水野忠徳以下の徳川直参官僚たちはかなりユニークな近代国家を誕生させていたことでしょう。少なくとも、明治長州閥のような汚濁にまみれた政権にならなかったことは確実です。

その意味でも、実家の水戸学の呪縛から逃れられなかった徳川慶喜の「不出来」は、日本人にとって残念なことでした。

もう慶喜の頃から、天皇絶対主義が実質的な力を急速に強めていたとみていいのかも知れません。倒幕勢力は、天皇を「ラグビーボールのように」（大宅壮一氏）道具として利用しました。この点に関しては、木戸孝允や大久保利通も〝大したタマ〟だったといわねばなりません。

昭和維新の頃になると、さすがにラグビーボールのようにはいかなくなっていましたが、口を開けば「畏れ多くも～」とか「大御心を安んじ奉り～」などといいながら、結局は天皇のいうことを聞いていません。二・二六事件の時もそうでしたし、関東軍など好き勝手にやっています。

天皇に対する接し方でいいますと、明治維新の時は「強権型」で、明治天皇がまだ少年であったこともあって、結構きつく当たることもあったようです。これに対して、昭和維新の時は「慇懃《いんぎん》無礼型」とでもいえるのかも知れません。

しかし、これらはどこまでも軍や政治家の上層部についてのみいえることであって、庶民が暮らす社会全般には「尊皇」という空気が、村社会の同調圧力となって、庶民は窒息しそうな中にいたようなものではなかったでしょうか。やはり、これはポピュリズムという観点でみた方が捉えやすい現象かも知れません。

そう考えますと、新聞メディアが大きな影響力を発揮することも理解しやすいのです。少年時代の私の田舎でも「新聞に書いてあった」といえば、そこで結論が出てしまったのです。

新型コロナへの対応についても同じことです。

まだ一人の陽性者も出ていなかった岩手では、実家の親が東京の大学に通う息子に帰郷を禁じ、「岩手の第1号だけではすまんからな！」というわけです。この一件は有名になりましたが、第1号という以外に何があるというのでしょうか。

他県ナンバーの車に張り紙をして圧力をかける、公園で子供がマスクなしで遊んでいるといって市役所に抗議の電話をかける、市中感染が広がった今では感染そのものを隠す……こういう現象も皆同じ心理ではないでしょうか。

ある調査でもはっきり出ています。感染より隣近所の反応の方が怖いと、調査結果に出ているのです。メディアが「差別」という言葉を使いますが、これらは差別とは違います。農耕民族特有の、ムラ社会特有の同調圧力というものが作用していると考えられます。

天皇原理主義について考えるについても、民俗学や社会心理学からのアプローチも必要かも知れないと痛感しています。

戦争に明け暮れた明治近代ですが、中でも満州事変が大きなポイントであったことが明白になってきました。この事変に従軍した父のことに随所で触れましたが、私の幼年時代から少年時代にかけて、父は何度も何度も同じ前線の話を繰り返し、私に話して聞かせました。今日はあの野戦病院のことだなと、話し始めると私には直ぐ分かるほど、繰り返したのです。

こういう体験談や思い出話は、普通は何度も話しているうちに誇大化していくものです。ところが、父の話にはそれがないのです。全滅した部隊の人数なども毎回同じなのです。それは不思議なことでしたが、そのおかげで私は、機関銃のこと、前線での食事のこと、麻酔なしでの腕の切断処置のこと、前線に登場したばかりの陸軍飛行隊のこと、所属連隊の兵站《へいたん》の不手際、軍馬の負傷、戦死者の身体のこと等々、普通の子供なら知り得ないことをこまごまと知識として身に付けてしまったのです。

田舎の夏は蒸し暑く、ご飯が納豆のように糸を引いて腐ることがあります。さすがにここまでくると、と思ってそれを食べないでおこうとすると、日頃はおとなしい父が声を荒げたものです。

「前線の食事を考えてみろ！」

なにしろ、敵の手榴弾でやられた父の身体は、手足といわず、背中、脇腹といわず、あちこち肉が剝がれ、指は一本足りなくて、まるで昨日満州の前線から帰ってきたような迫力があります。この圧力に負けて、私は腐ったものでも平気で食べるようになりました。今でも賞味期限など、一切見ません。

父は、担架に乗せられて南京に入場しましたので、「南京大虐殺」といわれている事件の実態を、概要だけですが、私は聞かされています。この話は、中国人と面と向かって議論する時しか、口にしないことに決めています。

中学生になった頃には、慰安婦のいる慰安所の話まで聞かせた父は、後遺症もあって長生きできませんでした。

戦争を語り継ごう…朝日新聞がしきりにいうことですが、それは生半可な神経ではできないことです。一種の覚悟みたいなものが要ることを、朝日のデスクは分かっているのでしょうか。

事のついでに母の話にお付き合いください。

私の母は、まず時代錯誤を地でいった人でした。

まだ幼い私に、切腹の作法を教え込んだのは、この母です。年端もいかない可愛い子（私のことです）に何故そういう酷いことを教えるのでしょうか。神経の鋭敏な私は、そのことを必要以上に、いや、必要もないのに重く受け留め、おかげで常にその恐怖と闘という羽目に陥ったのです。今なら、立派な「児童虐待」に当たるのではないでしょうか。

士族の誇りだけで生きていたような人で、私が守るべき掟《おきて》のようなことを、常に断定的な口調でいうのです。

男というものは女の面子《めんつ》を潰してはなりません。

武士は食わねど高楊枝《たかようじ》、男というものは意地を張るものです。

男というものは女のために命を棒に振るものです。

この種の掟が幾つもあって、今だに覚えている自分が怖くなることがあります。まるで会津の「什《じゅう》の掟」のようですが、母はどういうつもりであったのか、今では多少懐かしくもありますが、それでもやはり時代錯誤であったことは否めないでしょう。

この母が、いつもとは違う雰囲気でいったことがあります。

曰く、

外交とは、片手で握手をしながら、もう一方の手で拳を作っておくことです。

これだけは、後年になって甚《いた》く納得しました。これだけは、外務省の連中のみならず、今の腑抜けた政治家たちにそのまま教えてやりたいという衝動に駆られることがあります。果たしてあの母は、女であったのでしょうか。

小泉元総理が初めて北朝鮮を訪問、金正日と対面した時、そのテレビ中継の絵を観る時、私は彼の空いた手を凝視めていました。

私の大学は、日本人学生より海外からの留学生の方が多いという大学でした。学食は人種のるつぼ、この場所も私にとって原点の一つになっている気がします。

彼らとは、黙っていた方が負け。アメリカ人の白人には広島・長崎への原爆投下を責め、韓国人には李承晩ラインの不当性を責め、イタリア人には「根性がない」と説教めいたことをいいました。

国と国の外交は、まず一市民が一市民とやりあうという感覚がないと真っ当にはいかないものです。スナックで「リメンバー、パールハーバー！」と口走ったアメリカ白人を引きずり倒して、お目当てであった美人ママさんから出入り禁止を申し渡されたこともありましたが、一市民同士の喧嘩があって初めて国家の怒りも通じるのです。そして、喧嘩もまたコミュニケーションなのです。

伍長という一兵卒であった父と時代錯誤の母の教えで、役に立ったと実感できることは殆どありませんが、人が生きるということはこういうことだという、素朴な感情だけは十分受け継いだと感じています。

国家が生存するということは、その国民が幸せに生きるために必須のことなのです。

昭和二十六（１９５１）年九月、サンフランシスコ。対日講和会議が終了、講和条約成立。

その時同時に「日米安全保障条約」に日米双方が署名しました。つまり、安保とは実質的に占領の継続なのです。しかも、署名したのは吉田茂唯一人でした。他の全権四名は、条約の条文すら知らなかったのです。

あれから七十年。安保から派生した日米地位協定によって、ＪＡＬもＡＮＡも日本の空を自由に飛ぶことはできません。電波法も出入国管理法も米兵には適用できません。彼らの高速道路通行料金は、私たちが負担しています。彼らは、車庫証明も不要です。

そして、彼らの犯罪の一次裁判権は我が国には与えられていません。

徳川近代の幕臣官僚なら、こういう「不平等条約」に署名したでしょうか。彼らがハリスを相手にして結んだ通商条約を後に不平等なものにしたのは、討幕テロリストなのです。

気の弱い一兵卒とプライドだけで生きていた武家の娘なら、この隷属国家の未来をどうしようと試みるのか。しかるべき人に頼んで二人を呼び寄せ、語り明かしてみたいと考えています。

主な参考引用文献・資料（順不同）

満州事変　政策の形成過程　緒方貞子（岩波書店）

評伝 森恪 日中対立の焦点　小山俊樹（ウェッジ）

高松宮日記　第一巻　高松宮宣仁親王（中央公論社）

高松宮日記　第二巻　高松宮宣仁親王（中央公論社）

昭和史全記録　Chronicle 1926-1989　（毎日新聞社）

岩倉公実記　上巻・中巻・下巻　（原書房）

初等科國史　復刻版　文部省（ハート出版）

初等科修身（中・高学年版）復刻版　文部省（ハート出版）

五・一五事件　海軍青年将校たちの「昭和維新」　小山俊樹（中公新書　中央公論新社）

二・二六事件　「昭和維新」の思想と行動　高橋政衛（中公新書　中央公論新社）

皇国史観　片山杜秀（文春新書　文藝春秋）

満鉄全史　「国策会社」の全貌　加藤聖文（講談社学術文庫　講談社）

近代日本と軍部　小林道彦（講談社現代新書　講談社）

政・財　腐蝕の１００年　三好徹（講談社文庫　講談社）

昭和史七つの謎　保阪正康（講談社文庫　講談社）

戦前日本のポピュリズム　日米戦争への道　筒井清忠（中公新書　中央公論新社）

ノモンハン１９３９　スチュアート・ゴールドマン（みすず書房）

真珠湾　ジョージ・モーゲンスターン（錦正社）

「鎖国」という外交　ロナルド・トビ（小学館）

明治維新の敗者たち　マイケル・ワート（みすず書房）

実録・天皇記　大宅壮一（だいわ文庫　大和書房）

福澤諭吉著作集　第9巻　丁丑公論　瘠我慢の説　福澤諭吉（慶應義塾大学出版会）

明治憲法の思想　日本の国柄とは何か　八木秀次（PHP新書　PHP研究所）
「大東亜共栄圏」の思想　栄沢幸二（講談社現代新書　講談社）
軍国日本の興亡　猪木正道（中公新書　中央公論社）
高松宮と海軍　阿川弘之（中公文庫　中央公論社）
明治という国家（上・下）　司馬遼太郎（日本放送出版協会）
昭和という国家　司馬遼太郎（日本放送出版協会）
幕府歩兵隊　幕末を駆けぬけた兵士集団　野口武彦（中公新書　中央公論新社）
逆賊と元勲の明治　鳥海靖（講談社学術文庫　講談社）
黒船以降　政治家と官僚の条件　山内昌之・中村彰彦（中央公論新社）
国益の検証　日本外交の一五〇年　武田龍夫（サイマル出版会）
文明開化　失われた風俗　百瀬響（吉川弘文館）
日米地位協定入門　前泊博盛編（創元社）
沖縄の自己決定権　琉球新報社・新垣毅　（高文研）
「自虐史観」の病理　藤岡信勝（文藝春秋）
朝日新聞「戦時社説」を読む　室谷克実（毎日ワンズ）
北一輝　渡辺京二（ちくま学芸文庫　筑摩書房）
墨夷応接録　江戸幕府とペリー艦隊の開国交渉　森田健司（作品社）
小栗上野介忠順と幕末維新　高橋敏（岩波書店）
明治の国軍創設と兵士の反乱・農民の暴動　山崎善啓（創風社出版）
廃仏毀釈百年　佐伯恵達（鉱脈社）
神々の明治維新　安丸良夫（岩波新書　岩波書店）
文明としての徳川日本　芳賀徹（筑摩書房）
徳川の国家デザイン　水本邦彦（小学館）

歴代天皇一覧

代	名前	即位年
初代	神武天皇	前六六〇年
二代	綏靖天皇	前五八一年
三代	安寧天皇	前五四九年
四代	懿徳天皇	前五一〇年
五代	孝昭天皇	前四七五年
六代	孝安天皇	前三九二年
七代	孝霊天皇	前二九〇年
八代	孝元天皇	前二一四年
九代	開化天皇	前一五八年
一〇代	崇神天皇	前九七年
一一代	垂仁天皇	前二九年
一二代	景行天皇	七一年
一三代	成務天皇	一三一年
一四代	仲哀天皇	一九二年
一五代	応神天皇	二七〇年
一六代	仁徳天皇	三一三年

代	名前	即位年
一七代	履中天皇	四〇〇年
一八代	反正天皇	四〇六年
一九代	允恭天皇	四一二年
二〇代	安康天皇	四五三年
二一代	雄略天皇	四五六年
二二代	清寧天皇	四八〇年
二三代	顕宗天皇	四八五年
二四代	仁賢天皇	四八八年
二五代	武烈天皇	四九八年
二六代	継体天皇	五〇七年
二七代	安閑天皇	五三一年
二八代	宣化天皇	五三五年
二九代	欽明天皇	五三九年
三〇代	敏達天皇	五七二年
三一代	用明天皇	五八五年
三二代	崇峻天皇	五八七年

代	名前	即位年
三三代	推古天皇	五九二年
三四代	舒明天皇	六二九年
三五代	皇極天皇	六四二年
三六代	孝徳天皇	六四五年
三七代	斉明天皇	六五五年
三八代	天智天皇	六六八年
三九代	弘文天皇	六七一年
四〇代	天武天皇	六七三年
四一代	持統天皇	六九〇年
四二代	文武天皇	六九七年
四三代	元明天皇	七〇七年
四四代	元正天皇	七一五年
四五代	聖武天皇	七二四年
四六代	孝謙天皇	七四九年
四七代	淳仁天皇	七五八年
四八代	称徳天皇	七六四年
四九代	光仁天皇	七七〇年
五〇代	桓武天皇	七八一年
五一代	平城天皇	八〇六年
五二代	嵯峨天皇	八〇九年
五三代	淳和天皇	八二三年
五四代	仁明天皇	八三三年
五五代	文徳天皇	八五〇年
五六代	清和天皇	八五八年
五七代	陽成天皇	八七六年
五八代	光孝天皇	八八四年
五九代	宇多天皇	八八七年
六〇代	醍醐天皇	八九七年
六一代	朱雀天皇	九三〇年
六二代	村上天皇	九四六年
六三代	冷泉天皇	九六七年
六四代	円融天皇	九六九年
六五代	花山天皇	九八四年
六六代	一条天皇	九八六年

代	名前	即位年
六七代	三条天皇	一〇一一年
六八代	後一条天皇	一〇一六年
六九代	後朱雀天皇	一〇三六年
七〇代	後冷泉天皇	一〇四五年
七一代	後三条天皇	一〇六八年
七二代	白河天皇	一〇七二年
七三代	堀河天皇	一〇八六年
七四代	鳥羽天皇	一一〇七年
七五代	崇徳天皇	一一二三年
七六代	近衛天皇	一一四一年
七七代	後白河天皇	一一五五年
七八代	二条天皇	一一五八年
七九代	六条天皇	一一六五年
八〇代	高倉天皇	一一六八年
八一代	安徳天皇	一一八〇年
八二代	後鳥羽天皇	一一八三年
八三代	土御門天皇	一一九八年

代	名前	即位年
八四代	順徳天皇	一二一〇年
八五代	仲恭天皇	一二二一年
八六代	後堀河天皇	一二二一年
八七代	四条天皇	一二三二年
八八代	後嵯峨天皇	一二四二年
八九代	後深草天皇	一二四六年
九〇代	亀山天皇	一二五九年
九一代	後宇多天皇	一二七四年
九二代	伏見天皇	一二八七年
九三代	後伏見天皇	一二九八年
九四代	後二条天皇	一三〇一年
九五代	花園天皇	一三〇八年
九六代（南朝初代）	後醍醐天皇	一三一八年
九七代（南朝二代）	後村上天皇	一三三九年
九八代（南朝三代）	長慶天皇	一三六八年
九九代（南朝四代）	後亀山天皇	一三八三年
（北朝初代）	光厳天皇	一三三一年

代	名前	即位年
（北朝二代）	光明天皇	一三三六年
（北朝三代）	崇光天皇	一三四八年
（北朝四代）	後光厳天皇	一三五二年
（北朝五代）	後円融天皇	一三七一年
一〇〇代（北朝六代）	後小松天皇	一三八二年
一〇一代	称光天皇	一四一二年
一〇二代	後花園天皇	一四二八年
一〇三代	後土御門天皇	一四六四年
一〇四代	後柏原天皇	一五〇〇年
一〇五代	後奈良天皇	一五二六年
一〇六代	正親町天皇	一五五七年
一〇七代	後陽成天皇	一五八六年
一〇八代	後水尾天皇	一六一一年
一〇九代	明正天皇	一六二九年
一一〇代	後光明天皇	一六四三年
一一一代	後西天皇	一六五四年
一一二代	霊元天皇	一六六三年

代	名前	即位年
一一三代	東山天皇	一六八七年
一一四代	中御門天皇	一七〇九年
一一五代	桜町天皇	一七三五年
一一六代	桃園天皇	一七四七年
一一七代	後桜町天皇	一七六二年
一一八代	後桃園天皇	一七七〇年
一一九代	光格天皇	一七七九年
一二〇代	仁孝天皇	一八一七年
一二一代	孝明天皇	一八四六年
一二二代	明治天皇	一八六七年
一二三代	大正天皇	一九一二年
一二四代	昭和天皇	一九二六年
一二五代	上皇	一九八九年
一二六代	今上天皇	二〇一九年

歴代内閣総理大臣一覧

名	西暦	和暦
伊藤博文	一八八五年	明治一八年
黒田清隆	一八八八年	明治二一年
山縣有朋	一八八九年	明治二二年
松方正義	一八九一年	明治二四年
伊藤博文	一八九二年	明治二五年
松方正義	一八九六年	明治二九年
伊藤博文	一八九八年	明治三一年
大隈重信	一八九八年	明治三一年
山縣有朋	一八九八年	明治三一年
伊藤博文	一九〇〇年	明治三三年
桂太郎	一九〇一年	明治三四年
西園寺公望	一九〇六年	明治三九年
桂太郎	一九〇八年	明治四一年
西園寺公望	一九一一年	明治四四年
桂太郎	一九一二年	大正一年
山本権兵衛	一九一三年	大正二年
大隈重信	一九一四年	大正三年
寺内正毅	一九一六年	大正五年
原敬	一九一八年	大正七年
高橋是清	一九二一年	大正一〇年
加藤友三郎	一九二二年	大正一一年
山本権兵衛	一九二三年	大正一二年
清浦奎吾	一九二四年	大正一三年
加藤高明	一九二四年	大正一三年
若槻礼次郎	一九二六年	大正一五年
田中義一	一九二七年	昭和二年
浜口雄幸	一九二九年	昭和四年
若槻礼次郎	一九三一年	昭和六年
犬養毅	一九三一年	昭和六年
斎藤実	一九三二年	昭和七年
岡田啓介	一九三四年	昭和九年
広田弘毅	一九三六年	昭和一一年

名	西暦	和暦
林銑十郎	一九三七年	昭和一二年
近衛文麿	一九三七年	昭和一二年
平沼騏一郎	一九三九年	昭和一四年
阿部信行	一九三九年	昭和一四年
米内光政	一九四〇年	昭和一五年
近衛文麿	一九四〇年	昭和一五年
近衛文麿	一九四一年	昭和一六年
東条英機	一九四一年	昭和一六年
小磯国昭	一九四四年	昭和一九年
鈴木貫太郎	一九四五年	昭和二〇年
東久邇宮稔彦王	一九四五年	昭和二〇年
幣原喜重郎	一九四五年	昭和二〇年
吉田茂	一九四六年	昭和二一年
片山哲	一九四七年	昭和二二年
芦田均	一九四八年	昭和二三年
吉田茂	一九四八年	昭和二三年
吉田茂	一九四九年	昭和二四年
吉田茂	一九五二年	昭和二七年
吉田茂	一九五三年	昭和二八年
鳩山一郎	一九五四年	昭和二九年
鳩山一郎	一九五五年	昭和三〇年
鳩山一郎	一九五五年	昭和三〇年
石橋湛山	一九五六年	昭和三一年
岸信介	一九五七年	昭和三二年
岸信介	一九五八年	昭和三三年
池田勇人	一九六〇年	昭和三五年
池田勇人	一九六〇年	昭和三五年
池田勇人	一九六三年	昭和三八年
佐藤栄作	一九六四年	昭和三九年
佐藤栄作	一九六七年	昭和四二年
佐藤栄作	一九七〇年	昭和四五年
田中角栄	一九七二年	昭和四七年
田中角栄	一九七二年	昭和四七年
三木武夫	一九七四年	昭和四九年

名	西暦	和暦
福田赳夫	一九七六年	昭和五一年
大平正芳	一九七八年	昭和五三年
大平正芳	一九七九年	昭和五四年
鈴木善幸	一九八〇年	昭和五五年
中曽根康弘	一九八二年	昭和五七年
中曽根康弘	一九八三年	昭和五八年
中曽根康弘	一九八六年	昭和六一年
竹下登	一九八七年	昭和六二年
宇野宗佑	一九八九年	平成一年
海部俊樹	一九八九年	平成一年
海部俊樹	一九九〇年	平成二年
宮澤喜一	一九九一年	平成三年
細川護熙	一九九三年	平成五年
羽田孜	一九九四年	平成六年
村山富市	一九九四年	平成六年
橋本龍太郎	一九九六年	平成八年
橋本龍太郎	一九九六年	平成八年

名	西暦	和暦
小渕恵三	一九九八年	平成一〇年
森喜朗	二〇〇〇年	平成一二年
森喜朗	二〇〇〇年	平成一二年
小泉純一郎	二〇〇一年	平成一三年
小泉純一郎	二〇〇三年	平成一五年
小泉純一郎	二〇〇五年	平成一七年
安倍晋三	二〇〇六年	平成一八年
福田康夫	二〇〇七年	平成一九年
麻生太郎	二〇〇八年	平成二〇年
鳩山由紀夫	二〇〇九年	平成二一年
菅直人	二〇一〇年	平成二二年
野田佳彦	二〇一一年	平成二三年
安倍晋三	二〇一二年	平成二四年
安倍晋三	二〇一四年	平成二六年
安倍晋三	二〇一七年	平成二九年
菅義偉	二〇二〇年	令和二年

著者略歴

原田伊織（はらだ いおり）

作家。京都伏見生まれ。大阪外国語大学卒。2005年私小説『夏が逝く瞬間（とき）』（河出書房新社）で作家デビュー。『明治維新という過ち』（毎日ワンズ）が歴史書としては異例の大ヒット作となり、出版界に明治維新ブームの火をつけた。「明治維新三部作」として、『明治維新という過ち<完全増補版>』『列強の侵略を防いだ幕臣たち』『虚像の西郷隆盛 虚構の明治150年』（共に講談社文庫）がある。その他の著書に『官賊に恭順せず 新撰組土方歳三という生き方』（KADOKAWA）、『明治維新 司馬史観という過ち』（悟空出版）、『消された「徳川近代」明治日本の欺瞞』（小学館）、『日本人が知らされてこなかった江戸』『知ってはいけない明治維新の真実』（共にSB新書）など。雑誌「時空旅人」に『語り継がれなかった徳川近代』を連載中。

SB新書　533

昭《しょう》和《わ》という過《あやま》ち

この国《くに》を滅《ほろ》ぼした二《ふた》つの維《い》新《しん》

2021年 2月15日　初版第1刷発行

著　者　原《はら》田《だ》 伊《い》織《おり》

発行者　小川 淳

発行所　SBクリエイティブ株式会社
〒106-0032　東京都港区六本木2-4-5
電話：03-5549-1201（営業部）

装　幀　長坂勇司（nagasaka design）

本文デザイン・DTP　Jプロジェクト

印刷・製本　大日本印刷株式会社

本書をお読みになったご意見・ご感想を下記URL、
または左記QRコードよりお寄せください。

https://isbn2.sbcr.jp/07616/

落丁本、乱丁本は小社営業部にてお取り替えいたします。定価はカバーに記載されております。本書の内容に関するご質問等は、小社学芸書籍編集部まで必ず書面にてご連絡いただきますようお願いいたします。

ISBN978-4-8156-0761-6